I0765331

COMPENDIO DI
PSICOLOGIA

PER IL CONCORSO SCUOLA

FORMAZIONEPERMANENTE

Compendio di psicologia. Per il concorso scuola
Prima edizione 2024

ISBN 979-8-88399-581-0

INTRODUZIONE AL COMPENDIO

Il *Compendio di Psicologia per il concorso scuola* è uno strumento pensato per rivedere e ripassare in maniera agile e rapida le maggiori correnti e i principali autori della psicologia che è richiesto conoscere, quantomeno in maniera sommaria, per affrontare la prova scritta del concorso scuola. Non ha dunque la pretesa di esaustività, nell'immenso panorama delle teorie psicologiche del Novecento ed oltre, ma vuole offrire una visione d'insieme che faciliti l'apprendimento della mole di informazioni da fissare e ricordare. Si consiglia dunque di usare il compendio come una guida sintetica, integrandolo con altri manuali approfonditi, in cui sono esposte in maniera esauriente le diverse correnti e i numerosi autori che sono qui trattati in maniera rapida e riassuntiva.

Vi capiterà, in queste pagine, di ritrovare più volte gli stessi autori. Da una parte perché autori come, per esempio, J. Piaget e L. S. Vygotskij sfuggono alle categorizzazioni e son stati, nel tempo, collocati dagli studiosi in più di una corrente o movimento. Dall'altra perché gli studi della maggior parte degli autori non si sono limitati ad un esclusivo campo d'indagine, ma si sono occupati di rami della psicologia trasversali e complementari. Infine, perché, per seguire un antico principio, *repetita iuvant.*

LE PRINCIPALI TEORIE PSICOLOGICHE

Strutturalismo (fine '800 - inizio '900)

Fondatore: **Wilhelm Wundt**, seguito dal suo allievo **Edward B. Titchener**.

Focalizzata sullo studio della coscienza e delle sue strutture attraverso l'introspezione.

Psicoanalisi (fine '800 - oggi)

Fondatore: **Sigmund Freud**.

Altri autori: **Carl Jung, Alfred Adler, Anna Freud, Melanie Klein**.

Si concentra sull'inconscio, sui sogni, e sui processi mentali nascosti. Ha portato allo sviluppo di terapie basate sulla psicoanalisi.

Funzionalismo (inizio '900)

Figure chiave: **William James, John Dewey, James R. Angell**.

Enfatizzava le funzioni della mente e del comportamento nel permettere alle persone di adattarsi al loro ambiente.

Comportamentismo o Behaviorismo (primi '900 - 1950)

Fondatori: **John B. Watson**, seguito da **Ivan Pavlov**, **Edward Theorndike**, **B.F. Skinner**.

Si concentrava sul comportamento osservabile e sull'apprendimento tramite condizionamento, escludendo i processi mentali interni.

Scuola Storico-Culturale (primi del '900)

Figure chiave: **Lev Vygotskij**, **Alexander Lurija**, **Alexei Leontiev**.

Questa corrente psicologica sottolinea l'importanza del contesto sociale e culturale nello sviluppo cognitivo.

Gestalt (anni '20 - '30)

Fondatori: **Max Wertheimer**, **Kurt Koffka**, **Wolfgang Köhler**.

Studiava la percezione e il pensiero, enfatizzando che "il tutto è maggiore della somma delle sue parti".

Costruttivismo (metà del '900)

Fondatore: **George A. Kelly**. Altri considerati costruttivisti: **Jean Piaget**, **Lev Vygotskij**.

Il costruttivismo pone l'accento sull'attiva costruzione della conoscenza da parte dell'individuo, basandosi su esperienze pregresse e interazioni con il proprio ambiente

Psicologia Umanistica (anni '50 - '60)

Figure chiave: **Carl Rogers**, **Abraham Maslow**, **Rollo May**.

Reazione al comportamentismo e alla psicoanalisi, enfatizzava la crescita personale, la libertà di scelta e il potenziale umano.

Cognitivismo (dagli anni '60 in poi)

Figure chiave: **Jean Piaget**, **Jerome Bruner**, **Ulric Neisser**, **Aaron Beck**.

Studia i processi mentali interni come la percezione, il pensiero, la memoria, e il problem solving.

Neuropsicologia (fine '900 - oggi)

Fondare: **Alexandr R. Lurija**, seguito da **Oliver Sacks**, **Brenda Milner**, **Elizabeth Warrington**.

Integra psicologia e neuroscienze per studiare come le strutture cerebrali influenzino il comportamento e i processi mentali.

Psicologia Positiva (fine '900 - oggi)

Fondatori: **Martin Seligman**, **Mihaly Csikszentmihalyi**, seguiti da **Barbara Fredrickson**, **Sonja Lyubomirsky**.

Si concentra sugli aspetti positivi della vita, come la felicità, la resilienza e il benessere.

Psicologia Evoluzionistica (fine '900 - oggi)

Figure chiave: **Leda Cosmides e John Tooby**, **David Buss**.

Si focalizza su come i processi evolutivi influenzano il comportamento umano e i processi mentali.

STRUTTURALISMO

Lo strutturalismo è stato uno dei primi approcci sistematici nella psicologia, focalizzato sull'analisi degli elementi di base della coscienza umana. L'idea chiave era che, proprio come gli chimici suddividono i composti in elementi, anche i psicologi possono suddividere la coscienza in elementi mentali più semplici.

Wilhelm Wundt (1832-1920), considerato il padre della psicologia sperimentale, fondò il primo laboratorio di psicologia nel 1879. Wundt riteneva che la psicologia dovesse studiare la coscienza e si avvalesse dell'introspezione, un metodo in cui gli individui analizzano e riportano le proprie esperienze di pensiero. Credeva che questo processo potesse svelare la struttura della coscienza, composta da sensazioni (gli elementi di base della percezione) e sentimenti.

Edward B. Titchener (1867-1927), allievo di Wundt, portò lo strutturalismo negli Stati Uniti. Approfondì l'idea che la coscienza potesse essere divisa in parti più piccole, concentrandosi su tre elementi fondamentali: le sensazioni, i sentimenti e le immagini. Titchener utilizzava un metodo chiamato introspezione analitica per "osservare" e analizzare le esperienze interiori. La sua visione era più rigida di quella di Wundt e si concentrava maggiormente sulla catalogazione e sulla classificazione degli elementi della coscienza.

In sintesi, lo strutturalismo era centrato sull'idea che la coscienza umana potesse essere suddivisa e studiata in termini dei suoi componenti più semplici. Anche se questo approccio non è più dominante nella psicologia moderna, ha posto le basi per molti concetti fondamentali e metodologie di ricerca nel campo.

PSICOANALISI

La psicoanalisi è una branca della psicologia fondata da Sigmund Freud, incentrata sulla comprensione dei processi mentali inconsci. Freud sosteneva che molti comportamenti e problemi psicologici hanno radici in conflitti e traumi inconsci, spesso radicati nell'infanzia. Utilizzava tecniche come l'analisi dei sogni, l'associazione libera e l'interpretazione per esplorare l'inconscio.

Sigmund Freud (1856-1939) sviluppò diverse teorie chiave, tra cui quella delle tre istanze della psiche (l'Es, l'Io e il Super-io), la teoria della sessualità infantile e il meccanismo di difesa. Sosteneva che i conflitti tra queste istanze e le esperienze represse guidano il comportamento.

Carl Jung (1875-1961), allievo di Freud, sviluppò il concetto di inconscio collettivo, una sorta di deposito di simboli e archetipi condivisi tra tutti gli esseri umani. Lavorò anche sui concetti di introversione ed estroversione.

Alfred Adler (1870-1937) introdusse l'idea del complesso di inferiorità e sottolineò l'importanza del sentimento di comunità e dell'inadeguatezza nel guidare il comportamento umano.

Anna Freud (1895-1982), figlia di Sigmund Freud, si concentrò sulla psicoanalisi dell'infanzia e sviluppò la tecnica dell'analisi del gioco per lavorare con i bambini. Contribuì anche allo studio dei meccanismi di difesa.

Melanie Klein (1882-1960) fu una pioniera nella terapia psicoanalitica con i bambini. Sviluppò la teoria delle posizioni oggettuali, concentrando l'attenzione sulle prime relazioni oggettuali del bambino e su come queste influenzino il suo sviluppo psicologico.

In sintesi, la psicoanalisi si concentra sul ruolo dell'inconscio nella formazione della personalità e nel comportamento. Questi teorici hanno contribuito a modellare la comprensione della mente umana, soprattutto riguardo al ruolo dei processi inconsci, dei traumi infantili e delle dinamiche interpersonali nella formazione del carattere e nei disturbi psicologici.

FUNZIONALISMO

Il funzionalismo è un approccio alla psicologia che si è sviluppato come reazione allo strutturalismo, e si concentra su come la mente funziona e su come i processi mentali favoriscano l'adattamento dell'individuo al suo ambiente. A differenza dello strutturalismo, che analizzava gli elementi di base della coscienza, il funzionalismo indaga il motivo e la funzione di queste componenti mentali.

William James (1842-1910), considerato il padre del funzionalismo, ha introdotto l'idea che la coscienza è un flusso continuo e che serve un proposito pratico, che aiuti l'individuo ad adattarsi all'ambiente. La sua opera più famosa, "Principles of Psychology", esplora una vasta gamma di temi psicologici, inclusa la teoria delle emozioni e l'abitudine.

John Dewey (1859-1952), un altro importante funzionalista, è noto per il suo lavoro nell'educazione e nella psicologia. La sua teoria dell'apprendimento riflette l'approccio funzionalista, sottolineando l'importanza dell'esperienza attiva e del pensiero critico nel processo educativo.

James Rowland Angell (1867-1949), nella sua famosa conferenza "The Province of Functional Psychology", ha delineato i principi chiave del funzionalismo. Angell sostenne che la psicologia dovrebbe concentrarsi sulle operazioni mentali piuttosto che sulle strutture mentali, e sulle relazioni tra la mente e il mondo esterno.

In sintesi, il funzionalismo ha segnato un passo importante nell'evoluzione della psicologia come scienza, spostando l'attenzione dallo studio della struttura della mente a quello delle sue funzioni e dei suoi scopi pratici. Questo movimento ha aperto la strada a teorie e approcci successivi nella psicologia, in particolare nel campo dell'apprendimento e del comportamento.

COMPORTAMENTISMO

Il comportamentismo è un approccio alla psicologia che si concentra sul comportamento osservabile come oggetto principale di studio, escludendo i processi mentali interni come sentimenti e pensieri. Questa corrente sostiene che i comportamenti sono appresi e modificati attraverso le interazioni con l'ambiente.

John B. Watson (1878-1958), considerato il padre del comportamentismo, sosteneva che la psicologia dovrebbe studiare esclusivamente ciò che è osservabile e misurabile. Il suo esperimento più famoso, noto come il caso del "piccolo Albert", dimostrò che le risposte emotive possono essere condizionate (cioè apprese) associando uno stimolo neutro a uno stimolo che provoca una reazione naturale.

Ivan Pavlov (1849-1936), fisiologo russo, ha fornito un contributo fondamentale al comportamentismo attraverso i suoi esperimenti sui riflessi condizionati. Nel suo esperimento più noto, dimostrò il "condizionamento classico" mostrando come i cani potessero imparare a salivare al suono di una campanella se questo suono fosse ripetutamente associato al cibo.

Edward Theorndike (1874-1949), considerato uno dei pionieri della psicologia educativa e del comportamentismo, è famoso per la sua teoria dell'apprendimento basata sulla "legge dell'effetto".
Thorndike è anche noto per i suoi esperimenti con animali, in particolare per il suo "puzzle box". (metodo per tentativi ed errori). Le scoperte di Thorndike hanno gettato le basi per la teoria del condizionamento operante.

B.F. Skinner (1904-1990), un altro psicologo influente nel comportamentismo, sviluppò la teoria del "condizionamento operante". Secondo Skinner, i comportamenti possono essere rinforzati o indeboliti dalle conseguenze che seguono. Ha usato la "Skinner-Box" per dimostrare come gli animali, come i piccioni e i ratti, possano imparare a compiere specifiche azioni (come premere una leva) quando queste azioni portano a conseguenze positive (come il cibo).

In sintesi, il comportamentismo si concentra sullo studio del comportamento in risposta agli stimoli esterni, e sul ruolo del rinforzo e della punizione nell'apprendimento. Questa scuola di pensiero ha avuto un'enorme influenza sulla psicologia, soprattutto nel campo della terapia comportamentale e nell'educazione.

LA SCUOLA STORICO-CULTURALE

La scuola storico-culturale è un approccio alla psicologia sviluppato in Unione Sovietica negli anni '20 e '30, focalizzato sull'importanza dei fattori culturali e sociali nello sviluppo cognitivo. Questa scuola sostiene che l'apprendimento e lo sviluppo cognitivo sono profondamente radicati nel contesto culturale e nelle interazioni sociali.

Lev Vygotsky (1896-1934), il fondatore di questo movimento, ha introdotto concetti come la "zona di sviluppo prossimale" (ZSP). La ZSP si riferisce alla distanza tra ciò che un bambino può fare da solo e ciò che può fare con l'aiuto di altri. Vygotsky sosteneva che l'apprendimento efficace avviene in questa zona. Ha anche sottolineato il ruolo del linguaggio nello sviluppo cognitivo, affermando che il dialogo interno (pensiero) ha origine dal dialogo esterno (conversazioni sociali).

Alexandr R. Lurija (1902-1977), allievo di Vygotsky, è noto per i suoi lavori sulla neuropsicologia e sullo sviluppo cognitivo. Lurija ha esplorato come la cultura influenzi il funzionamento cognitivo e ha condotto studi pionieristici sulle funzioni cerebrali, legando specifiche aree cerebrali a funzioni cognitive particolari.

Alexei Leontiev (1903-1979), un altro importante membro della scuola storico-culturale, ha sviluppato la teoria dell'attività, che si concentra su come le attività umane siano motivate da bisogni e desideri e come siano mediate da strumenti culturali. Secondo Leontiev, l'apprendimento e lo sviluppo derivano dall'interazione dell'individuo con il suo ambiente attraverso attività pratiche.

In sintesi, la scuola storico-culturale considera lo sviluppo cognitivo come un processo intrinsecamente sociale e culturale. Questi psicologi hanno enfatizzato che l'intelligenza e il pensiero sono influenzati dall'ambiente culturale di un individuo, e che apprendimento e sviluppo si verificano attraverso la collaborazione e l'interazione con gli altri.

GESTALT

La Psicologia della Gestalt è un approccio alla psicologia che si concentra su come l'essere umano percepisca le cose come "interi" organizzati. Questa scuola di pensiero, nata all'inizio del XX secolo, si basa sull'idea che la mente umana tende a percepire elementi sensoriali come parte di un sistema più ampio, piuttosto che come singole componenti isolate. Il motto fondamentale della Gestalt è "il tutto è maggiore della somma delle sue parti".

Max Wertheimer (1880-1943), uno dei fondatori della Gestalt, è noto per i suoi studi sul movimento apparente, noto come effetto phi. La sua ricerca ha dimostrato che percepiamo sequenze di immagini come movimento continuo, un concetto che ha sfidato le teorie psicologiche esistenti sui processi percettivi.

Kurt Koffka (1886-1941), un altro membro chiave della scuola Gestalt, ha contribuito a diffondere le idee della Gestalt negli Stati Uniti. Ha enfatizzato che la percezione è un processo attivo e che il cervello organizza le informazioni sensoriali in strutture significative, piuttosto che in singoli elementi.

Wolfgang Köhler (1887-1967), anch'egli pioniere della Gestalt, è noto per i suoi studi sull'intelligenza e sulla percezione negli animali, in particolare sul problem solving nelle scimmie. Ha introdotto il concetto di "insight" (intuizione), suggerendo che la soluzione ai problemi non sempre avviene attraverso tentativi ed errori, ma attraverso una comprensione improvvisa della struttura del problema.

In sintesi, la Psicologia della Gestalt sostiene che la nostra percezione e comprensione del mondo sono più che la semplice somma di input sensoriali. Gli psicologi della Gestalt hanno studiato come organizziamo visivamente le informazioni e come queste percezioni influenzino il nostro pensiero e il nostro comportamento. Queste teorie hanno avuto un impatto significativo sulla percezione, sul problem solving e sulla psicologia cognitiva.

COSTRUTTIVISMO

Il costruttivismo è un approccio teorico in psicologia che sostiene che gli individui costruiscano attivamente la loro conoscenza e comprensione del mondo attraverso esperienze e interazioni con l'ambiente. Questo approccio mette in evidenza l'attiva partecipazione del soggetto nell'apprendimento e nella formazione delle proprie strutture cognitive.

George A. Kelly (1905-1967), ritenuto il fondatore del costruttivismo o socio-costruttivismo, è noto per la sua "Teoria dei Costrutti Personali", secondo la quale le persone interpretano il mondo attraverso un sistema unico di costrutti personali – concetti o credenze attraverso i quali vediamo e comprendiamo la realtà. Kelly sosteneva che queste strutture siano basate sulle esperienze passate e influenzino il modo in cui una persona percepisce il mondo e reagisce agli eventi.

Jean Piaget (1896-1980), un'altra figura centrale nel costruttivismo, è famoso per la sua teoria dello sviluppo cognitivo. Secondo Piaget, i bambini passano attraverso specifiche fasi di sviluppo, ognuna caratterizzata da modi diversi di pensare e di comprendere il mondo. Credeva che i bambini costruiscano attivamente la loro comprensione del mondo attraverso l'interazione con esso, tramite processi come l'assimilazione e l'accomodamento.

Lev Vygotsky (1896-1934), con il suo approccio socio-costruttivista, sottolineava il ruolo dell'ambiente sociale e culturale nello sviluppo cognitivo. Secondo Vygotsky, la conoscenza è costruita attraverso interazioni sociali e la cultura gioca un ruolo cruciale nel modellare i processi di pensiero. Introduce il concetto di "zona di sviluppo prossimale" per descrivere come l'apprendimento sia facilitato dal supporto di altri più esperti.

In sintesi, il costruttivismo si concentra sul ruolo attivo del soggetto nell'apprendimento e sulla costruzione della conoscenza. Le teorie di Kelly, Piaget e Vygotsky evidenziano l'importanza delle esperienze personali, del contesto sociale e culturale, e delle interazioni con l'ambiente nel processo di apprendimento e sviluppo cognitivo.

LA PSICOLOGIA UMANISTICA

La psicologia umanistica è un movimento nella psicologia che si concentra sulla comprensione dell'intera persona e sulla sua unicità. A differenza di altri approcci che possono concentrarsi su disfunzioni o comportamenti, la psicologia umanistica enfatizza il potenziale umano, l'autorealizzazione e il benessere. Gli umanisti vedono gli individui come esseri intrinsecamente buoni, in grado di prendere decisioni e di guidare la propria vita verso il raggiungimento del loro pieno potenziale.

Carl Rogers (1902-1987), uno dei principali esponenti della psicologia umanistica, ha sviluppato la terapia centrata sul cliente, un approccio terapeutico che enfatizza l'importanza dell'empatia, dell'accettazione incondizionata e dell'autenticità da parte del terapeuta. Secondo Rogers, queste condizioni permettono agli individui di esplorare e risolvere i propri problemi in un ambiente di supporto.

Abraham Maslow (1908-1970) è noto per la sua teoria della gerarchia dei bisogni, che include bisogni fisiologici, di sicurezza, sociali, di stima e di auto-realizzazione. Ha sottolineato che, una volta soddisfatti i bisogni di base, gli individui cercano di realizzare il proprio potenziale, un processo che ha definito "auto-realizzazione".

Rollo May (1909-1994), un altro esponente significativo dell'umanismo, ha introdotto elementi della filosofia esistenzialista nella psicologia. Ha esplorato temi come l'ansia, il coraggio e il senso di isolamento, sostenendo che affrontare queste sfide è fondamentale per il personale sviluppo e la realizzazione.

In sintesi, la psicologia umanistica mira a vedere la persona nella sua interezza e unicità, con un'enfasi sulle capacità di auto-guarigione, crescita personale e realizzazione. Questo approccio ha avuto un profondo impatto sulla terapia, sull'istruzione e sulla comprensione della personalità umana.

COGNITIVISMO

Il cognitivismo è un approccio in psicologia che si focalizza sui processi mentali interni come la percezione, il pensiero, la memoria e il problem solving. A differenza del comportamentismo, che si concentra solo sul comportamento osservabile, il cognitivismo studia come le persone pensano, imparano e ricordano.

Jean Piaget (1896-1980), uno dei più influenti teorici cognitivi, è noto per la sua teoria dello sviluppo cognitivo nei bambini. Sosteneva che i bambini passano attraverso specifiche fasi di sviluppo (sensorio-motoria, pre-operatoria, operatoria concreta e operatoria formale), ognuna con caratteristiche di pensiero uniche. Secondo Piaget, i bambini costruiscono attivamente la loro comprensione del mondo attraverso l'interazione con esso.

Jerome Bruner (1915-2016) è stato un eminente psicologo cognitivo, noto per la sua teoria dell'istruzione per scoperta che sostiene l'importanza dell'apprendimento attivo. Ha introdotto il concetto di "curriculum a spirale", secondo cui gli argomenti educativi dovrebbero essere insegnati a più livelli, approfondendo la comprensione con ogni ripasso. Bruner ha evidenziato anche il ruolo cruciale del linguaggio nello sviluppo cognitivo e ha contribuito alla teoria della categorizzazione.

Ulric Neisser (1928-2012), considerato il padre della psicologia cognitiva, ha introdotto il termine "cognitivismo" nel suo libro fondamentale del 1967 "Cognitive Psychology". Neisser si è concentrato su come le persone acquisiscono, elaborano e utilizzano le informazioni, portando alla luce l'importanza di comprendere i processi cognitivi per capire il comportamento.

Aaron Beck (1921-2021), un altro pioniere del cognitivismo, è noto per aver sviluppato la terapia cognitiva, particolarmente efficace nel trattamento della depressione. Beck ha proposto che i disturbi psicologici possano essere causati e mantenuti da schemi di pensiero distorti e irrazionali, e che cambiare questi schemi può portare a miglioramenti del benessere psicologico.

In sintesi, il cognitivismo si concentra sui processi mentali interni e sulla loro influenza sul comportamento. Questo approccio ha portato a una migliore comprensione di come pensiamo, apprendiamo e risolviamo problemi, e ha avuto un impatto significativo sulla psicologia clinica, educativa e sociale.

NEUROPSICOLOGIA

La neuropsicologia è un campo della psicologia e delle neuroscienze che esamina come il cervello e il sistema nervoso influenzino il nostro comportamento, i nostri pensieri e le nostre emozioni. Si occupa in particolare di come le lesioni o le malattie del cervello possano influenzare le funzioni cognitive e comportamentali.

Alexandr R. Lurija (1902-1977), uno dei fondatori della neuropsicologia moderna, è noto per il suo approccio olistico allo studio delle funzioni cerebrali. Lurija ha esaminato come specifiche aree del cervello contribuiscano a diverse funzioni cognitive, comprese memoria, linguaggio e risoluzione dei problemi. Ha sviluppato tecniche di riabilitazione neuropsicologica per persone con lesioni cerebrali.

Oliver Sacks (1933-2015), neurologo e scrittore, ha portato la neuropsicologia all'attenzione del grande pubblico attraverso i suoi racconti dettagliati di casi clinici. Nei suoi libri, come "L'uomo che scambiò sua moglie per un cappello", Sacks descrive esperienze uniche di persone con disturbi neurologici, offrendo intuizioni sulla relazione tra cervello e identità personale.

Brenda Milner (1918) è nota per il suo lavoro pionieristico nello studio della memoria e delle funzioni cerebrali. Il suo lavoro con il paziente H.M., che aveva perso la capacità di formare nuovi ricordi a seguito di un intervento chirurgico, ha contribuito a una migliore comprensione di come le diverse parti del cervello siano coinvolte nella memoria e nell'apprendimento.

Elizabeth Warrington (1931) è un'altra figura di spicco in questo campo, nota per i suoi studi sulla disfunzione cognitiva causata da danni cerebrali. Ha particolarmente contribuito alla comprensione dei disturbi di memoria e del linguaggio.

In sintesi, la neuropsicologia collega le strutture e le funzioni del cervello con specifici processi psicologici e comportamentali. Studiando pazienti con danni cerebrali o disturbi neurologici, i neuropsicologi hanno ottenuto importanti informazioni su come diverse parti del cervello influenzano la nostra capacità di pensare, ricordare, parlare e comportarci.

PSICOLOGIA POSITIVA

La psicologia positiva è un ramo della psicologia che si concentra sullo studio degli aspetti positivi della vita umana, come la felicità, il benessere, la resilienza e il potenziale umano. Diversamente da altri approcci in psicologia che spesso si focalizzano sui disturbi e sulle disfunzioni, la psicologia positiva esplora ciò che rende la vita soddisfacente e significativa.

Martin Seligman (1942), spesso considerato il padre della psicologia positiva, ha sviluppato la teoria delle "tre vie" verso la felicità: piacere, coinvolgimento e significato. Seligman sostiene che perseguire queste tre vie può migliorare il benessere personale e aiutare le persone a vivere una vita più piena e soddisfacente. Ha anche esplorato concetti come l'ottimismo, la gratitudine e la resilienza.

Mihaly Csikszentmihalyi (1934-2021) è noto per il suo concetto di "flow", uno stato di coinvolgimento totale e di piena immersione in un'attività che è sia piacevole che sfidante. Csikszentmihalyi sostiene che esperienze di flusso possono portare a una maggiore felicità e soddisfazione nella vita.

Barbara Fredrickson (1964) ha sviluppato la "teoria del broaden-and-build" delle emozioni positive, secondo cui esperienze di emozioni positive possono ampliare la nostra consapevolezza e incoraggiarci a costruire nuove competenze e risorse personali. Le sue ricerche suggeriscono che coltivare emozioni positive può migliorare il benessere e favorire la crescita personale.

Sonja Lyubomirsky (1966) si concentra sui fattori che contribuiscono alla felicità duratura. Nella sua opera, esplora come attività e pratiche intenzionali, come esprimere gratitudine o impegnarsi in atti di gentilezza, possano aumentare la felicità e il senso di soddisfazione nella vita delle persone.

In sintesi, la psicologia positiva mira a comprendere e promuovere fattori che permettono agli individui e alle comunità di prosperare. Questo approccio sottolinea l'importanza di coltivare la felicità, la resilienza e il benessere positivo piuttosto che concentrarsi esclusivamente sul trattamento delle malattie mentali.

PSICOLOGA EVOLUZIONISTICA

La psicologia evoluzionistica è un approccio che applica i principi della teoria dell'evoluzione di Charles Darwin allo studio della mente umana e del comportamento. Questa branca della psicologia suggerisce che molti tratti psicologici, compresi aspetti del comportamento, delle emozioni e della personalità, si sono evoluti nel corso del tempo per affrontare specifiche sfide di sopravvivenza e riproduzione. La psicologia evoluzionistica cerca di comprendere come la selezione naturale abbia modellato la nostra psiche per affrontare problemi dell'ambiente ancestrale.

Leda Cosmides (1957) e John Tooby (1952-2023) sono tra i pionieri nel campo della psicologia evoluzionistica. Hanno sviluppato l'idea dei "moduli mentali", che sono sistemi cognitivi specializzati per specifici tipi di ragionamento, come quelli riguardanti la cooperazione sociale, il rilevamento dell'inganno, o la scelta del partner. Secondo loro, la mente umana è composta da numerosi moduli che sono stati selezionati attraverso il processo evolutivo per risolvere problemi specifici legati alla sopravvivenza e alla riproduzione.

David Buss (1953) è noto per il suo lavoro sulle strategie di accoppiamento umano e sui tratti della personalità dal punto di vista evoluzionistico. Buss ha studiato come le preferenze nel partner e i comportamenti di corteggiamento possano essere influenzati dalla biologia evolutiva. I suoi lavori esaminano aspetti come gelosia, infedeltà e differenze di genere nel comportamento sessuale e affettivo, suggerendo che molti di questi comportamenti hanno radici evolutive.

In sintesi, la psicologia evoluzionistica fornisce un quadro per comprendere il comportamento umano e la struttura della mente attraverso l'ottica dell'evoluzione biologica. Questo approccio ci aiuta a capire perché possiamo avere determinate tendenze comportamentali e psicologiche, considerando come abbiano potuto servire i nostri antenati nella loro lotta per la sopravvivenza e il successo riproduttivo.

INTELLIGENZA E CREATIVITÀ

L'intersezione tra intelligenza e creatività rappresenta uno degli ambiti più affascinanti e complessi della psicologia moderna. Questo capitolo esplora le profonde connessioni e le distinzioni tra questi due costrutti psicologici, sottolineando come influenzino reciprocamente il potenziale umano nelle aree dell'apprendimento, del problem solving e dell'innovazione. Tradizionalmente considerate come aree distinte di indagine – con l'intelligenza frequentemente associata alla capacità di ragionamento logico e analitico e la creatività al pensiero divergente e all'innovazione – le ricerche recenti hanno iniziato a rivelare un panorama molto più sfumato e interconnesso.

L'intelligenza è stata a lungo studiata come un indicatore di successo scolastico e professionale, solitamente misurata attraverso test standardizzati che valutano la capacità di ragionamento, la memoria, la comprensione verbale e la velocità di elaborazione. Tuttavia, questa visione tradizionale si è gradualmente evoluta per includere forme di intelligenza più ampie e variabili, come proposto da teorie quali quella delle intelligenze multiple di Howard Gardner, che riconosce la diversità delle capacità umane.

Parallelamente, la creatività – la capacità di produrre idee originali e di valore in qualsiasi dominio della conoscenza o dell'attività umana – è emersa come un tratto essenziale nell'era dell'informazione e dell'innovazione. Questa capacità di pensare al di fuori degli schemi convenzionali e di connettere concetti apparentemente distanti si rivela cruciale in una vasta gamma di contesti, dall'arte alla scienza, dalla tecnologia all'educazione.

Esaminando le teorie fondamentali, gli studi empirici e le prospettive contemporanee, questo capitolo mira a delineare come intelligenza e creatività si manifestano nel comportamento umano, come possono essere misurate e sviluppate e quali sono le loro implicazioni per l'individuo e la società. Attraverso l'analisi di contributi di figure chiave nel campo, come Guilford, Sternberg e Csikszentmihalyi, si esplorerà la dinamica interazione tra queste due facoltà mentali, sfatando miti e mettendo in luce come, insieme, formano il fondamento dell'ingegno e dell'innovazione umana.

Definizione e Dimensioni dell'Intelligenza e della Creatività

L'intelligenza è tradizionalmente definita come la capacità di apprendere dall'esperienza, di adattarsi a nuovi contesti, di comprendere complessi astratti e di utilizzare la conoscenza per manipolare l'ambiente. Si estende oltre il semplice quoziente intellettivo (QI) per includere forme multiple di intelligenza, come l'intelligenza emotiva, sociale, pratica e creativa. Questa visione olistica riconosce che l'intelligenza non è un monolite, ma un insieme di capacità cognitive che operano in sinergia.

La creatività, d'altra parte, è la capacità di produrre lavoro che sia sia nuovo (originale, insolito, unico) sia appropriato (utile, adattivo rispetto ai compiti, corretto). Essa incorpora processi di pensiero che rompono con le convenzioni stabilite per esplorare e creare nuove possibilità. La creatività può manifestarsi in tutti gli aspetti della vita umana, dalla soluzione di problemi quotidiani all'arte e alla scienza.

Teorie Chiave sull'Intelligenza e la Creatività

• **Modello Triarchico dell'Intelligenza di Robert Sternberg:** Sternberg propone che l'intelligenza comprenda tre aspetti: analitico, creativo e pratico. Questo modello enfatizza che la creatività è una componente integrale dell'intelligenza, sottolineando l'importanza del pensiero divergente e della flessibilità cognitiva.

• **Teoria delle Intelligenze Multiple di Howard Gardner:** Gardner identifica diverse forme di intelligenza, tra cui quella logico-matematica, linguistica, musicale, spaziale, cinestetica, interpersonale, intrapersonale e naturalistica. Questa teoria allarga ulteriormente il concetto di intelligenza e suggerisce che la creatività può manifestarsi in modi unici attraverso queste diverse intelligenze.

• **Teoria dell'Investimento Creativo di Sternberg e Lubart:** Questa teoria sostiene che la creatività richiede l'investimento in idee che possano sembrare scontate al momento, ma che promettano rendimenti futuri. Il processo creativo è quindi descritto come un atto di equilibrio tra pensiero divergente e convergente, richiedendo sia la generazione di idee nuove che la loro raffinazione e valutazione.

Misurazione e Sviluppo

La valutazione dell'intelligenza e della creatività ha portato allo sviluppo di numerosi strumenti e test, che vanno dai test standardizzati di QI ai test di pensiero creativo, come il Torrance Tests of Creative Thinking (TTCT). Tuttavia, la misurazione della creatività rimane una sfida, data la sua natura intrinsecamente soggettiva e contestuale.

Per sviluppare sia l'intelligenza che la creatività, la ricerca suggerisce l'importanza di ambienti di apprendimento che incoraggino la curiosità, il rischio intellettuale, la sperimentazione e la riflessione critica. L'istruzione dovrebbe puntare a coltivare un'ampia gamma di competenze cognitive e emotive, fornendo esperienze di apprendimento ricche e variate che stimolino sia il pensiero analitico che quello creativo.

TEORIE DELL'INTELLIGENZA

• **Charles Spearman:** Teoria del fattore generale dell'intelligenza (g).

• **Louis Leon Thurstone:** Teoria dei fattori primari dell'intelligenza.

• **Philip E. Vernon:** La Struttura gerarchica dell'intelligenza.

• **Raymond B. Cattell:** Intelligenza Fluida e Intelligenza Cristallizzata.

• **Howard Gardner**: Teoria delle intelligenze multiple.

• **Robert Sternberg**: Teoria triarchica dell'intelligenza.

Charles Spearman:
Teoria del fattore generale dell'intelligenza (g)

All'inizio del XX secolo, Charles Spearman, psicologo britannico, rivoluzionò il campo della psicologia dell'intelligenza proponendo la teoria del fattore generale dell'intelligenza, comunemente noto come "g". Attraverso l'uso di tecniche statistiche innovative per l'epoca, quali l'analisi fattoriale, Spearman analizzò i risultati di vari test di intelligenza, scoprendo che le prestazioni degli individui tendevano a essere coerenti attraverso diversi tipi di compiti cognitivi. Questa osservazione lo portò a concludere che esiste un fattore comune di intelligenza che influisce sulla capacità di un individuo di eseguire vari compiti intellettuali, definendo tale fattore con la lettera "g".

Secondo Spearman, "g" rappresenta l'intelligenza generale, una forza mentale centrale che determina la performance cognitiva in una vasta gamma di domini. Tuttavia, non negò l'esistenza di abilità specifiche (indicate con la lettera "s"), che si riferiscono a competenze particolari in ambiti ristretti, come la matematica o il linguaggio. Le abilità specifiche, secondo la sua teoria, operano insieme al fattore g per influenzare le prestazioni in compiti specifici.

La teoria di Spearman ha avuto un impatto profondo sulla psicometria e sulla comprensione dell'intelligenza, ponendo le basi per lo sviluppo di test di intelligenza e la ricerca in ambito cognitivo. Sebbene la teoria di "g" sia stata oggetto di dibattito e critica, specialmente in relazione alla complessità dell'intelligenza umana e alla presenza di molteplici forme di intelligenza proposte da altri studiosi, il contributo di Spearman rimane fondamentale per il campo della psicologia dell'intelligenza. La sua enfasi sul fattore generale di intelligenza continua a influenzare gli approcci contemporanei allo studio e alla misurazione delle capacità cognitive.

Esempio per memorizzare la teoria di Spearman:

Immaginiamo di avere un gruppo di studenti che partecipano a diverse attività scolastiche: risolvere problemi matematici, comprendere testi complessi, e giocare a scacchi. Secondo la teoria di Spearman, se un singolo fattore generale di intelligenza (g) influenza le prestazioni cognitive generali, ci aspetteremmo che gli studenti che eccellono in matematica tendano anche a essere bravi nella comprensione di testi e nel gioco degli scacchi. In altre parole, uno studente con un alto livello di "g" mostrerebbe prestazioni superiori alla media in tutte e tre le attività, nonostante queste richiedano competenze apparentemente diverse.

D'altro canto, le abilità specifiche (s) entrano in gioco per spiegare le variazioni nelle prestazioni in ciascun compito specifico. Ad esempio, uno studente potrebbe avere un'abilità specifica particolarmente sviluppata nel gioco degli scacchi (forse a causa di anni di pratica o di un interesse particolare per il gioco) che lo rende ancora migliore in quella specifica attività, al di là di ciò che il suo livello di "g" potrebbe prevedere.

Questo esempio aiuta a visualizzare come, secondo Spearman, un fattore comune sottenda diverse capacità cognitive, ma come le abilità specifiche possano ancora influenzare le prestazioni in particolari aree. La presenza di un alto "g" suggerisce una buona capacità generale di ragionamento e problem-solving che si traduce in una varietà di contesti, mentre le abilità specifiche forniscono una spiegazione per le eccellenze individuali in determinati campi.

Louis Leon Thurstone:
Teoria dei fattori primari dell'intelligenza (Teoria multifattoriale)

Louis Leon Thurstone, psicologo americano attivo nei primi del XX secolo, fornì un significativo contributo alla psicologia dell'intelligenza con la sua teoria dei fattori primari dell'intelligenza. A differenza di Charles Spearman, che propose l'esistenza di un singolo fattore generale di intelligenza (g), Thurstone argomentò che l'intelligenza è composta da diverse abilità o fattori primari indipendenti l'uno dall'altro. Attraverso l'uso dell'analisi fattoriale, un metodo statistico che gli permise di esaminare le correlazioni tra differenti test di intelligenza, Thurstone identificò **sette fattori primari di intelligenza**, che descrisse come abilità mentali distinte:

- **Comprensione Verbale (V)**: la capacità di comprendere e utilizzare il linguaggio.
- **Fluidità Verbale (W)**: la facilità di produrre e manipolare le parole.
- **Numericalità (N)**: l'abilità di lavorare con i numeri e i concetti matematici.
- **Visualizzazione Spaziale (S)**: la capacità di percepire relazioni spaziali e di manipolare oggetti mentalmente.
- **Memoria Associativa (M)**: la capacità di ricordare relazioni tra stimoli o eventi.
- **Ragionamento (P)**: l'abilità di applicare le regole della logica.
- **Velocità di Percezione (P)**: la rapidità con cui si possono percepire e si reagisce a stimoli visivi o ad altre informazioni sensoriale.

Thurstone sosteneva che queste abilità mentali primarie potessero essere misurate in modo indipendente e che contribuissero tutte, in vario grado, alle prestazioni intellettuali complessive di un individuo, senza necessariamente essere dominate da un unico fattore generale di intelligenza.

La teoria dei fattori primari di Thurstone ha avuto un impatto duraturo sul modo in cui gli psicologi concepiscono e misurano l'intelligenza. Ha contribuito a spostare il focus dalla ricerca di un'unica entità di intelligenza verso la comprensione della struttura multifattoriale dell'intelligenza umana. Sebbene successivi ricercatori abbiano proposto modelli che integrano l'idea di Spearman di un fattore generale di intelligenza con i fattori specifici identificati da Thurstone, la sua enfasi sull'esistenza di abilità cognitive distinte continua a influenzare le teorie contemporanee dell'intelligenza e la pratica psicometrica.

Esempio per memorizzare la teoria di Thurstone:

Immaginate di essere un direttore d'orchestra che gestisce diversi musicisti (le abilità mentali primarie di Thurstone), ognuno dei quali suona uno strumento diverso (le varie abilità cognitive). Non c'è un unico strumento (fattore g di Spearman) che domini l'orchestra, ma è l'armonia tra i diversi musicisti che crea la sinfonia (le prestazioni intellettuali complessive). Thurstone ci mostra che, per comprendere veramente la musica (l'intelligenza), dobbiamo ascoltare e valutare il contributo di ogni singolo musicista.

Philip E. Vernon:
La Struttura gerarchica dell'intelligenza

Philip Ewart Vernon, psicologo britannico che ha lavorato prevalentemente nel XX secolo, ha offerto significativi contributi alla comprensione dell'intelligenza umana. La sua teoria, che si inserisce nel più ampio dibattito sull'intelligenza, pone l'accento sulla struttura gerarchica dell'intelligenza e sul ruolo dei fattori ereditari e ambientali nello sviluppo delle capacità cognitive.

Vernon ha proposto un modello gerarchico dell'intelligenza che distingue tra intelligenza generale (g) al vertice, seguita da due ampie categorie di abilità: verbale-educazionale (v:ed) e pratica-spaziale-meccanica (k:m). Queste categorie si ramificano ulteriormente in abilità specifiche. Il modello di Vernon evidenzia come l'intelligenza non sia un'entità monolitica, ma piuttosto un insieme di capacità interconnesse che variano da individuo a individuo.

Vernon ha dedicato una parte significativa della sua ricerca all'analisi dell'impatto dei fattori ereditari e ambientali sullo sviluppo dell'intelligenza. Mentre riconosceva l'importanza della genetica nell'influenzare le potenzialità intellettive, sottolineava anche il ruolo cruciale dell'ambiente, in particolare l'educazione e le esperienze di vita, nel modellare le abilità cognitive. Vernon ha contribuito al dibattito sull'intelligenza con un approccio equilibrato, cercando di comprendere come eredità e ambiente interagiscano nello sviluppo intellettuale.

Esempio per memorizzare la teoria di Vernon:

Immagina di essere uno chef: la tua abilità generale in cucina rappresenta l'intelligenza generale ("g") di Vernon. Questa si divide in conoscenza delle ricette (simile all'intelligenza verbale-educazionale di Vernon) e abilità nel maneggiare utensili (paragonabile all'intelligenza pratica-spaziale). Come uno chef usa entrambe per preparare un piatto, secondo Vernon, usiamo diverse capacità intellettive interconnesse per affrontare il mondo.

Raymond B. Cattell:
Intelligenza Fluida e Intelligenza Cristallizzata

Raymond B. Cattell, psicologo britannico naturalizzato statunitense, ha lasciato un segno indelebile nella psicologia dell'intelligenza con la sua teoria delle intelligenze fluide e cristallizzate. Attraverso un approccio rigorosamente scientifico e l'uso di metodi statistici avanzati come l'analisi fattoriale, Cattell ha proposto una distinzione fondamentale tra due tipi di intelligenza, ampliando il campo di studio dell'intelligenza umana oltre i confini stabiliti dai test di QI tradizionali.

La distinzione di Cattell tra intelligenza fluida e cristallizzata rappresenta una pietra miliare nella comprensione dell'intelligenza:

• **Intelligenza Fluida (Gf):** Si riferisce alla capacità di ragionare in modo astratto, pensare logicamente e risolvere problemi nuovi in situazioni nuove, indipendentemente dalla conoscenza acquisita precedentemente. L'intelligenza fluida è vista come innata, non influenzata dall'educazione o dall'esperienza diretta, e tende a diminuire con l'età.

• **Intelligenza Cristallizzata (Gc):** Descrive la capacità di utilizzare le conoscenze, le abilità e l'esperienza acquisite. Include vocabolario, conoscenza generale e competenze pratiche. A differenza dell'intelligenza fluida, l'intelligenza cristallizzata tende a rimanere stabile o addirittura ad aumentare nel corso della vita, poiché si basa sull'apprendimento cumulativo e sull'esperienza.

Implicazioni della Teoria di Cattell

La distinzione tra intelligenza fluida e cristallizzata ha importanti implicazioni per la psicologia educativa, la valutazione dell'intelligenza e la comprensione del declino cognitivo legato all'età. Per esempio, sottolinea l'importanza di promuovere sia lo sviluppo delle capacità di problem solving che l'acquisizione di conoscenze specifiche nell'istruzione. Inoltre, fornisce un quadro per comprendere come e perché le capacità cognitive possano cambiare diversamente nel corso della vita.

Misurazione delle Intelligenze di Cattell

Sulla base della sua teoria, sono stati sviluppati test specifici per valutare separatamente l'intelligenza fluida e quella cristallizzata. Questi strumenti di valutazione aiutano gli psicologi a ottenere una misurazione più accurata e differenziata delle capacità cognitive, andando oltre il semplice punteggio di QI.

Esempio per memorizzare la teoria di Cattell

Immagina di essere un pianista. L'intelligenza fluida è la tua capacità di improvvisare una nuova melodia. È la tua abilità nel creare musica unica sul momento, senza appoggiarti a pezzi che conosci già. L'intelligenza cristallizzata, d'altra parte, è simile alla tua conoscenza e abilità nell'eseguire complessi pezzi musicali che hai praticato e memorizzato nel tempo. Utilizzi questa intelligenza ogni volta che attingi dal tuo repertorio di brani appresi per esibirsi in un concerto.

Howard Gardner:
Teoria delle intelligenze multiple

Howard Gardner, psicologo statunitense, ha rivoluzionato il campo dell'intelligenza con l'introduzione della teoria delle intelligenze multiple negli anni '80. Attraverso il suo lavoro, Gardner ha sfidato l'idea tradizionale di intelligenza come una capacità unica misurabile attraverso il quoziente intellettivo (QI). La sua teoria sostiene che l'intelligenza non sia un singolo costrutto, ma piuttosto un insieme di capacità cognitive distinte e semi-indipendenti. Gardner ha identificato originariamente **sette intelligenze**, per poi espanderle a nove, ognuna delle quali riflette differenti modi di elaborare l'informazione e risolvere problemi:

- **Intelligenza Linguistica:** Capacità di usare le parole in modo efficace, sia nella forma scritta che orale.

- **Intelligenza Logico-Matematica:** Abilità nel calcolo, nel ragionamento logico e nella risoluzione di problemi matematici.

- **Intelligenza Spaziale:** Capacità di pensare in tre dimensioni, con abilità nella manipolazione di immagini e nell'orientamento spaziale.

- **Intelligenza Musicale:** Abilità nel riconoscere modelli musicali, toni e ritmi.

- **Intelligenza Cinestetica-Corporea:** Capacità di utilizzare il proprio corpo per esprimersi o per realizzare un'attività.

- **Intelligenza Interpersonale:** Abilità di comprendere e interagire efficacemente con gli altri.

- **Intelligenza Intrapersonale:** Capacità di comprendere se stessi, i propri sentimenti e motivazioni.

- **Intelligenza Naturalistica:** (aggiunta successivamente) Abilità di riconoscere, classificare e sfruttare l'ambiente naturale.

- **Intelligenza Esistenziale:** (proposta ma meno riconosciuta) Capacità di affrontare questioni profonde riguardanti l'esistenza umana.

Gardner sostiene che queste intelligenze operano in modo indipendente l'una dall'altra e che ogni individuo ha un unico profilo intellettivo con punti di forza e debolezze in diverse intelligenze. Questo approccio ha avuto implicazioni significative nell'educazione, spingendo verso metodologie didattiche più inclusive e personalizzate, che riconoscono e valorizzano le diverse abilità degli studenti.

La teoria delle intelligenze multiple ha stimolato un vivace dibattito nel campo della psicologia dell'intelligenza, con alcuni che la abbracciano come una visione più olistica dell'intelligenza umana e altri che criticano la mancanza di evidenze empiriche per alcune delle intelligenze proposte. Nonostante le controversie, il contributo di Gardner continua a influenzare profondamente la pedagogia, promuovendo un'educazione che mira a sviluppare tutte le potenzialità dell'individuo.

Esempio per memorizzare la teoria di Gardner:

Pensate a una squadra di supereroi dove ogni membro ha un potere unico (le diverse intelligenze di Gardner). Insieme, questi supereroi affrontano una varietà di sfide (compiti e problemi nella vita reale) utilizzando i loro talenti speciali. Allo stesso modo, Gardner vede ogni individuo come dotato di una combinazione unica di "superpoteri" intellettivi, che definiscono il modo in cui interagiscono con il mondo.

Robert Sternberg:
Teoria triarchica dell'intelligenza

Robert Sternberg, eminente psicologo americano, ha introdotto la teoria triarchica dell'intelligenza negli anni '80, offrendo una visione complessa e integrata dell'intelligenza umana. Secondo Sternberg, l'intelligenza è costituita da tre componenti principali che interagiscono tra loro: l'intelligenza analitica, l'intelligenza creativa e l'intelligenza pratica. Questa teoria si distacca dai modelli tradizionali di intelligenza, proponendo un quadro più ampio che valuta le capacità individuali in un contesto reale e dinamico.

- **Intelligenza Analitica** (o Componente Analitico)

L'intelligenza analitica riguarda la capacità di analizzare, valutare, giudicare, confrontare e contrastare. È quella che viene comunemente misurata dai test di intelligenza standard e si riferisce alla capacità di risolvere problemi ben definiti con una sola risposta corretta. Questo aspetto dell'intelligenza è coinvolto nel pensiero critico e nella capacità di affrontare compiti complessi in maniera logica e razionale.

- **Intelligenza Creativa** (o Componente Creativo)

L'intelligenza creativa si manifesta nella capacità di andare oltre il dato, di inventare, scoprire, immaginare, supporre nuove idee, e di affrontare situazioni nuove con soluzioni innovative e originali. È fondamentale per l'adattamento a contesti inediti e per la generazione di nuove soluzioni ai problemi. Questo aspetto riguarda la capacità di utilizzare l'esperienza in modo che si adatti a nuovi contesti, trasformando le conoscenze acquisite in nuove idee.

- **Intelligenza Pratica** (o Componente Pragmatico)

L'intelligenza pratica si riferisce alla capacità di applicare le abilità intellettive in contesti quotidiani e reali per raggiungere obiettivi personali. È l'abilità di sapere come fare le cose nella vita pratica, di adattarsi agli ambienti, di plasmarli e di selezionarli secondo le proprie necessità e desideri. Questo tipo di intelligenza è legato alla "saggezza" e all'efficacia nel navigare il mondo reale, gestendo le situazioni complesse della vita quotidiana in modo efficace.

Sternberg sostiene che queste tre componenti dell'intelligenza operano insieme, influenzandosi reciprocamente e contribuendo in maniera unica al successo individuale. Egli enfatizza l'importanza di un equilibrio tra questi tre aspetti, sottolineando che l'intelligenza va vista in termini di adattamento all'ambiente, trasformazione degli ambienti e selezione di ambienti nuovi.

La teoria triarchica dell'intelligenza ha portato a una nuova comprensione dell'intelligenza, mettendo in luce l'importanza delle capacità pratiche e creative oltre a quelle analitiche. Ha influenzato l'educazione e la psicologia, promuovendo approcci educativi più olistici che riconoscano e valorizzano i diversi tipi di intelligenza e che mirino a svilupparli in modo equilibrato.

Esempio per memorizzare la teoria di Sternberg:

Immaginate un regista cinematografico che deve utilizzare l'intelligenza analitica per scrivere la sceneggiatura (valutando la coerenza della trama), l'intelligenza creativa per ideare scene visivamente accattivanti e narrative originali, e l'intelligenza pratica per gestire il set, risolvere problemi logistici e assicurarsi che il film rispetti il budget e i tempi. Questa metafora evidenzia come le tre forme di intelligenza si combinino per raggiungere un obiettivo complesso e creativo, riflettendo la visione integrata della teoria triarchica di Sternberg.

APPROCCI ALLA CREATIVITA'

- **Graham Wallas:** Le Quattro fasi del Processo Creativo.
- **Joy Paul Guilford:** La struttura dell'intelletto e le dimensioni della creatività.
- **Donald Winnicott:** Gioco e realtà nella manifestazione della creatività.
- **Edward de Bono:** Pensiero laterale e tecniche per la creatività.
- **Mihaly Csikszentmihalyi:** Flow e Processo creativo

Graham Wallas:
Le Quattro fasi del Processo Creativo

Graham Wallas (1858-1932), psicologo sociale e co-fondatore della London School of Economics, è noto per il suo contributo fondamentale allo studio della creatività. Nel suo lavoro "The Art of Thought" pubblicato nel 1926, Wallas propone uno dei primi modelli sistematici del processo creativo. La sua teoria, influenzata dalle sue osservazioni e dalle ricerche psicologiche del suo tempo, descrive il processo creativo attraverso quattro fasi sequenziali: preparazione, incubazione, illuminazione e verifica. Questo modello ha gettato le basi per gran parte della ricerca successiva sulla creatività.

Le Quattro Fasi del Processo Creativo secondo Wallas

1) Preparazione: Questa fase include il riconoscimento di un problema o di una sfida e la raccolta attiva di informazioni relative. L'individuo si immerge nel problema, esplorando i suoi contorni e accumulando conoscenze e risorse che potrebbero essere utili.

2) Incubazione: Durante l'incubazione, il problema viene messo da parte per un periodo. Wallas sostiene che il lavoro cognitivo prosegue a livello inconscio. Questa fase non richiede uno sforzo cosciente diretto verso il problema, permettendo connessioni e intuizioni creative di emergere spontaneamente.

3) Illuminazione: Conosciuta anche come il "momento eureka", l'illuminazione si verifica quando la soluzione o l'idea creativa emerge all'improvviso alla coscienza. Questo momento è spesso descritto come un lampo di intuizione improvviso e chiarificatore.

4) Verifica: L'ultima fase del processo implica la valutazione critica dell'idea o della soluzione emergente. L'individuo testa e affina l'idea, considerando la sua fattibilità, applicabilità e valore nel contesto specifico. Questo può richiedere un ritorno alla fase di preparazione o un'ulteriore incubazione.

Il modello di Wallas ha fornito un'importante struttura concettuale per capire come le persone giungono a soluzioni creative e innovazioni. Ha enfatizzato l'importanza di tutte le quattro fasi nel processo creativo, inclusa la cruciale, ma spesso trascurata, fase di incubazione che permette alle idee di maturare e evolversi.

Esempio per memorizzare la teoria di Wallas:

Immagina di dover ideare un nuovo gioco da tavolo.

(Preparazione) Inizi studiando vari tipi di giochi da tavolo esistenti, le loro regole, temi e meccanismi. Poi rifletti su cosa ti piace in questi giochi e cosa potresti migliorare o cambiare. (Incubazione) Lasci da parte il progetto per qualche giorno. Durante questo periodo, l'idea continua a maturare nel tuo subconscio mentre ti occupi di altre attività, come leggere o fare giardinaggio.

(Illuminazione) Mentre stai facendo una passeggiata, ti viene in mente un'idea brillante per un meccanismo di gioco unico che collega elementi che prima non avevi considerato. (Verifica) Torni a casa e inizi a delineare le regole basandoti sulla tua nuova idea, testando e affinando il gioco con amici e familiari per vedere se è divertente e giocabile.

Joy Paul Guilford:
La struttura dell'intelletto e le dimensioni della creatività

Joy Paul Guilford, influente psicologo americano del XX secolo, ha notevolmente contribuito allo studio dell'intelligenza e della creatività. Differenziandosi dalle teorie dell'intelligenza dominanti del suo tempo, che enfatizzavano aspetti quantitativi come il QI, Guilford propose un modello multidimensionale dell'intelletto che aprì nuove vie alla comprensione della creatività. La sua famosa teoria della struttura dell'intelletto (SI) sottolinea la complessità e la multidimensionalità delle capacità cognitive umane, integrando la creatività come componente fondamentale dell'intelligenza.

La Struttura dell'Intelletto (SI)

Secondo Guilford, l'intelletto può essere suddiviso in tre dimensioni principali: **Operazioni**, **Contenuti** e **Prodotti**.

Le **Operazioni** si riferiscono ai processi mentali utilizzati dall'individuo, come la memoria, la comprensione, la produzione di idee convergenti (soluzioni uniche a problemi dati) e divergenti (molteplici soluzioni a problemi aperti).

I **Contenuti** sono i tipi di informazioni con cui operano questi processi, suddivisi in visivi, auditivi, simbolici, semantici (il significato delle parole) e comportamentali.

I **Prodotti** sono i risultati di queste operazioni sui contenuti, che possono essere classificati come unità, classi, relazioni, sistemi, trasformazioni e implicazioni.

Dimensioni della Creatività: Il Pensiero divergente

La più significativa innovazione di Guilford nell'ambito dell'intelligenza fu l'enfasi posta sulla creatività, in particolare sul pensiero divergente come un aspetto critico dell'intelligenza umana.

Il pensiero divergente si distingue per la capacità di generare molteplici soluzioni a un problema aperto, evidenziando attributi quali:

- **La fluidità** (la capacità di produrre molte idee)

- **La flessibilità** (la capacità di cambiare approccio facilmente),

- **L'originalità** (la produzione di idee uniche)

- **L'elaborazione** (la capacità di sviluppare e lavorare su un'idea).

Il lavoro di Guilford ha avuto un impatto profondo sull'educazione, spostando l'attenzione verso la valutazione e lo sviluppo della creatività come componenti chiave dell'intelligenza. Gli strumenti di valutazione della creatività ispirati dalla sua teoria, come il Test di Pensiero Creativo di Torrance, sono diventati strumenti essenziali per identificare e promuovere il potenziale creativo nelle aule scolastiche.

Esempio per memorizzare la teoria di Guilford:

Pensate a un artista che crea una scultura. Questo processo creativo richiede l'utilizzo di diverse operazioni mentali (pensare a forme, valutare materiali), su vari contenuti (visivi, tattili), per produrre un risultato unico (la scultura). Come l'artista, ogni persona utilizza una combinazione unica di operazioni, contenuti e prodotti nel proprio processo di pensiero, evidenziando la multidimensionalità dell'intelligenza e la centralità della creatività secondo Guilford.

Donald Winnicott:
Gioco e realtà nella manifestazione della creatività

Donald Winnicott, psicoanalista britannico del XX secolo, ha avuto un impatto profondo sulla comprensione del ruolo del gioco nello sviluppo emotivo e nella manifestazione della creatività individuale. Anche se non è noto principalmente per il suo lavoro sull'intelligenza, le sue teorie sul gioco, la realtà personale e lo sviluppo del vero Sé offrono insight cruciali su come la creatività emerge e si manifesta nell'individuo.

Il Ruolo del Gioco

Secondo Winnicott, il gioco è un'attività fondamentale attraverso la quale i bambini esplorano il mondo, esprimono se stessi e sviluppano la loro creatività. Il gioco fornisce uno spazio sicuro, denominato da Winnicott come "area intermedia di esperienza", che esiste tra la realtà interna soggettiva del bambino e il mondo esterno oggettivo. Questo spazio permette ai bambini di sperimentare con idee, emozioni e relazioni in modo che sia libero dalle pressioni della realtà esterna. È in questo spazio di gioco che la creatività può fiorire.

Creatività e Sviluppo del Sé

Per Winnicott, la creatività non è solo questione di talento artistico o intellettuale; è un elemento vitale dello sviluppo di un individuo sano. La capacità di rimanere in contatto con la propria realtà interna e di utilizzare questa vitalità nelle interazioni con il mondo esterno è un segno di maturità e salute mentale. La creatività, quindi, è intrinsecamente legata alla costruzione del vero Sé – un concetto che Winnicott definisce come una sensazione di essere reale, vivente e spontaneo.

Transizionalità e Fenomeni Transizionali

Winnicott introduce il concetto di oggetti transizionali (come coperte o orsacchiotti) e fenomeni transizionali per descrivere come i bambini iniziano a negoziare la differenza tra "io" e "non-io". Questi oggetti servono come simboli della non-separazione madre-bambino all'inizio della vita e svolgono un ruolo cruciale nel consentire al bambino di sperimentare il gioco e la creatività. Gli oggetti transizionali agiscono come ponti tra la realtà interna e il mondo esterno, facilitando l'espressione creativa e l'individuazione.

Implicazioni per la Terapia e l'Educazione

Le teorie di Winnicott sul gioco e la creatività hanno implicazioni significative per la pratica terapeutica e l'educazione. Sottolineano l'importanza di fornire spazi sicuri e supportivi in cui bambini e adulti possono esplorare e esprimere la propria creatività senza paura di giudizio. Nel contesto educativo, questo può tradursi nell'incoraggiare l'apprendimento esperienziale, il gioco creativo e l'espressione artistica come componenti essenziali dello sviluppo personale e intellettuale.

Esempio per memorizzare la teoria di Winnicott:

Immaginate un bambino che gioca da solo, creando storie intricate con i suoi giocattoli. Questo momento di gioco non è solo un passatempo; è un'attività cruciale dove il bambino esplora il confine tra sé e il mondo, tra fantasia e realtà. Il giocattolo preferito diventa un oggetto transizionale che aiuta il bambino ad espolorare questi confini, permettendogli di esprimere e sviluppare la propria creatività in un modo profondamente personale e significativo.

Edward de Bono:
Concetti di Pensiero Laterale come Strumenti per la Creatività

Edward de Bono, psicologo maltese, è noto per aver coniato il termine "pensiero laterale" negli anni '60. Questo concetto rivoluzionario si distingue dal tradizionale pensiero logico o verticale, proponendo un approccio diverso alla risoluzione dei problemi e alla generazione di idee innovative. De Bono sostiene che il pensiero laterale facilita la creatività, permettendo alle persone di esplorare soluzioni non convenzionali e di pensare "fuori dagli schemi".

Definizione di Pensiero Laterale

Il pensiero laterale si riferisce alla capacità di guardare un problema da angolazioni diverse, cercando soluzioni indirette e creative anziché seguire approcci logici lineari. Questo tipo di pensiero incoraggia l'individuo a usare la sua immaginazione e a prendere in considerazione possibilità che altrimenti sarebbero state trascurate.

Tecniche di Pensiero Laterale

De Bono ha sviluppato diverse tecniche per stimolare il pensiero laterale, tra cui:

- **Provocazione:** Introduzione di un'idea apparentemente assurda per spostare il pensiero fuori dai soliti schemi.

- **Ricerca dell'alternativa:** Esplorazione di tutti i possibili approcci a una situazione, anche quelli che sembrano irrilevanti o impraticabili.

- **Frazione del problema:** Suddivisione del problema in parti più piccole per esaminare ogni elemento in modo indipendente.
- **Analisi delle conseguenze:** Esaminare le potenziali conseguenze di un'idea insolita come mezzo per generare nuove soluzioni.

Secondo de Bono, il pensiero laterale è essenziale per la creatività poiché permette di superare i limiti del pensiero convenzionale e di esplorare nuove possibilità. Questo approccio non solo è applicabile alla soluzione di problemi in ambito lavorativo o educativo, ma stimola anche la creatività personale, incoraggiando gli individui a vedere il mondo da prospettive diverse.

L'introduzione del pensiero laterale nei contesti educativi e organizzativi può trasformare significativamente i processi di apprendimento e innovazione. Insegnando agli studenti e ai professionisti come applicare il pensiero laterale, si promuove un ambiente in cui la creatività e l'innovazione possono fiorire. Le tecniche di de Bono possono essere utilizzate per migliorare il brainstorming, la risoluzione dei problemi di gruppo e lo sviluppo di nuovi prodotti o servizi.

Esempio per memorizzare la teoria di de Bono:

Immaginate di imbattervi in vicolo cieco mentre cercate una nuova idea per un progetto. Invece di concentrarvi sul problema davanti a voi con un approccio logico e diretto, decidete di applicare il pensiero laterale: prendete una pausa, giocate con idee apparentemente non correlate, e considerate soluzioni che a primo impatto sembrano illogiche. Questo processo vi porta a un'illuminazione, una soluzione innovativa che non avreste mai considerato seguendo i percorsi convenzionali del pensiero. Questo è il cuore del pensiero laterale di Edward de Bono: uscire dai soliti schemi per scoprire nuove possibilità.

Mihaly Csikszentmihalyi:
Flow e Processo Creativo

Mihaly Csikszentmihalyi, uno psicologo ungherese-americano, ha rivoluzionato la comprensione del benessere e della creatività umana con il suo concetto di "flow" (flusso), una condizione di coinvolgimento totale nell'attività che si sta svolgendo. Introdotta negli anni '70, la teoria del flow descrive uno stato mentale in cui l'individuo è completamente immerso in un'attività, al punto che il tempo sembra fermarsi e le preoccupazioni della vita scompaiono. Questo concetto ha fornito una nuova lente attraverso cui esaminare il processo creativo e il raggiungimento dell'eccellenza in vari campi.

Csikszentmihalyi identifica il flow come un'esperienza ottimale, caratterizzata da un profondo coinvolgimento, concentrazione e gioia. Lo stato di flow si verifica quando ci sono un'alta sfida e un'alta abilità coinvolte nell'attività, e l'individuo percepisce un equilibrio tra queste due dimensioni. In questo stato, le persone spesso sperimentano un incremento della creatività e della produttività.

Componenti del Flow

Csikszentmihalyi descrive diverse caratteristiche dello stato di flow, tra cui:

- **Obiettivi chiari:** Avere obiettivi ben definiti che guidano l'attenzione e le azioni.

- **Concentrazione assoluta:** Un'attenzione concentrata sull'attività presente.

- **Perdita della coscienza di sé:** Un'immersione tale da dimenticare sé stessi e i propri problemi.

- **Distorsione del tempo:** La percezione del tempo può accelerare o rallentare.

- **Feedback immediato:** Ricevere risposte dirette e immediate sull'efficacia delle proprie azioni.
- **Equilibrio tra sfida e abilità:** Le capacità dell'individuo sono in perfetto equilibrio con la difficoltà dell'attività.

Il concetto di flow ha implicazioni profonde per il processo creativo. Csikszentmihalyi osserva che gli individui sono spesso più creativi quando sperimentano lo stato di flow, poiché sono completamente concentrati, liberi da distrazioni e pienamente coinvolti nell'esplorazione di idee e soluzioni.

La teoria del flow non si limita alla creatività artistica o intellettuale; si applica a una vasta gamma di attività, dall'educazione allo sport, dal lavoro al tempo libero. Csikszentmihalyi sottolinea l'importanza di strutturare le proprie attività in modo da massimizzare le opportunità di flow, suggerendo che ciò può portare a una maggiore soddisfazione e realizzazione personale.

Esempio per memorizzare la teoria di Csikszentmihalyi:

Pensate a un pittore che lavora al suo quadro, completamente assorto nella scelta dei colori, nel movimento del pennello, e nella forma che emerge sulla tela. Questo momento, in cui tutto il resto sembra svanire eccetto l'atto stesso di dipingere, è un esempio perfetto di flow. Il pittore non solo prova gioia e soddisfazione in questo stato di concentrazione intensa, ma è anche in grado di attingere ai livelli più profondi della creatività, giungendo alla creazione di opere che possono sorprendere persino lui stesso.

INTELLIGENZA EMOTIVA E SOCIALE

• **Daniel Goleman:** L'intelligenza emotiva

Daniel Goleman:
L'Intelligenza Emotiva

Daniel Goleman ha rivoluzionato la comprensione dell'intelligenza con il suo lavoro pionieristico sull'intelligenza emotiva (IE), introducendo questo concetto in modo ampio nel 1995. L'intelligenza emotiva si riferisce alla capacità di riconoscere, comprendere, gestire e utilizzare le proprie emozioni e quelle degli altri in modo efficace. Goleman sostiene che l'IE sia altrettanto importante, se non più, dell'intelligenza cognitiva per il successo personale e professionale.

Fondamenti dell'Intelligenza Emotiva

L'IE di Goleman si articola in cinque componenti principali: **l'autoconsapevolezza**, **l'autoregolamentazione**, **la motivazione intrinseca**, **l'empatia** e **le abilità sociali**. Questi elementi permettono agli individui di affrontare complesse realtà sociali e personali, contribuendo significativamente alla loro efficienza e benessere in vari ambienti.

Esempio per memorizzare la teoria di Goleman:

Immaginate di partecipare a una gara di cucina dove l'obiettivo non è solo preparare un piatto delizioso, ma anche lavorare armoniosamente in squadra sotto stress. Ogni partecipante porta al tavolo non solo le proprie abilità culinarie, ma anche un insieme unico di emozioni e stress. La capacità di riconoscere e gestire le vostre emozioni, così come di percepire e rispondere adeguatamente a quelle dei vostri compagni di squadra, è fondamentale. Questo vi permette di mantenere un ambiente collaborativo, di stimolare la creatività collettiva e di affrontare con calma gli imprevisti. Alla fine, la squadra che emerge vincitrice è spesso quella che ha dimostrato la migliore intelligenza emotiva, evidenziando come l'IE influenzi non solo il successo individuale ma anche quello del gruppo. Questo scenario incarna l'importanza dell'intelligenza emotiva di Goleman nell'affrontare le sfide quotidiane, promuovendo l'armonia, l'innovazione e la risoluzione efficace dei problemi.

LA MISURAZIONE DELL'INTELLIGENZA E DELLA CREATIVITÀ

- **Test di intelligenza:** QI.
- **Valutare la creatività:** Test del pensiero creativo di Torrance.
- **La misurazione dell'Intelligenza Emotiva:** Il Test EQ-I

La valutazione dell'intelligenza e della creatività ha da lungo tempo occupato un posto centrale nella psicologia. Mentre i test del Quoziente Intellettivo (QI) sono stati ampiamente utilizzati per misurare l'intelligenza generale, gli strumenti per valutare la creatività, come i Test del Pensiero Creativo di Torrance, offrono un'analisi più profonda delle capacità creative individuali.

Test di Intelligenza e QI

I test del QI sono progettati per valutare un'ampia gamma di abilità cognitive, inclusi il ragionamento logico, la comprensione verbale, la percezione spaziale e la memoria di lavoro. Tradizionalmente, questi test sono stati utilizzati per predire il rendimento scolastico e professionale, basandosi sulla premessa che un punteggio più alto indica un maggior grado di intelligenza generale. Tuttavia, la loro capacità di misurare tutti gli aspetti dell'intelligenza umana è stata oggetto di critica. Molti studiosi sostengono che i test di QI trascurino dimensioni cruciali come la creatività, l'intelligenza emotiva e le abilità pratiche, limitando così la comprensione completa del potenziale intellettuale di un individuo.

Valutare la Creatività: Il TTCT

Rispondendo alla necessità di strumenti di valutazione che catturino la complessità della creatività, i **Test del Pensiero Creativo di Torrance (TTCT)** si sono attestati come uno degli strumenti più influenti e ampiamente studiati. Sviluppati da E. Paul Torrance negli anni '60, i TTCT mirano a valutare la creatività cognitiva misurando aspetti come la fluidità, la flessibilità, l'originalità e l'elaborazione. Diversamente dai test del QI, che si concentrano su risposte corrette a problemi ben definiti, i TTCT esplorano la capacità di generare molteplici idee, di pensare in modo divergente e di approcciarsi ai problemi in maniere innovative. Questa enfasi sulle capacità creative offre una prospettiva più ampia sulle potenzialità cognitive di un individuo.

Confronto e Complementarità

Sebbene i test del QI e i TTCT servano scopi diversi, entrambi forniscono informazioni preziose sulle capacità cognitive. Mentre i test del QI possono offrire una misura relativa dell'intelligenza generale che facilita predizioni sul successo scolastico e professionale, i TTCT possono identificare potenziali creativi che potrebbero non essere evidenti in contesti tradizionali di valutazione. Insieme, questi strumenti possono offrire una visione più globale delle capacità di un individuo, sottolineando l'importanza di valutare sia l'intelligenza che la creatività per un'analisi completa del potenziale umano.

La misurazione dell'Intelligenza Emotiva: Il Test EQ-I

Il Test di Intelligenza Emotiva (Emotional Quotient Inventory), comunemente noto come EQ-I, rappresenta uno degli strumenti più riconosciuti e utilizzati per la valutazione dell'intelligenza emotiva (IE). Sviluppato da Reuven Bar-On nel 1997, l'EQ-I è stato pionieristico nel campo della psicologia per la sua capacità di quantificare aspetti dell'intelligenza tradizionalmente considerati non misurabili, come la consapevolezza emotiva, la regolazione delle emozioni e le abilità sociali. Basandosi sulla convinzione che l'intelligenza emotiva sia un fattore critico per il successo personale e professionale, il test EQ-I fornisce una valutazione comprensiva delle capacità emotive e sociali di un individuo.

Struttura e Componenti del Test EQ-I

L'EQ-I è strutturato attorno a cinque aree principali, che insieme compongono il modello di intelligenza emotiva di Bar-On. Queste aree includono:

- **Autopercezione:** Valuta la comprensione e l'accettazione di sé, misurando concetti come l'autostima, la consapevolezza emotiva e l'autorealizzazione.

- **Autoespressione:** Riguarda la capacità di esprimere i propri sentimenti e credenze in modo costruttivo, comprendendo l'espressione emotiva, l'indipendenza e l'affermazione di sé.

- **Interpersonale:** Valuta le abilità sociali e relazionali, come l'empatia, le relazioni interpersonali e la responsabilità sociale.

- **Decisione:** Esamina come le emozioni influenzano il processo decisionale, inclusa la tolleranza allo stress, il controllo degli impulsi e la soluzione dei problemi.

- **Gestione dello stress**: Valuta la capacità di gestire e reagire allo stress e alle pressioni, comprese la flessibilità, la tolleranza allo stress e l'ottimismo.

L'EQ-I trova applicazione in una varietà di contesti, inclusi l'educazione, lo sviluppo personale, la selezione del personale, la leadership e il coaching, nonché la consulenza psicologica. Fornendo insight dettagliati sulle competenze emotive e sociali, il test aiuta gli individui a identificare aree di forza e di miglioramento, supportando lo sviluppo di strategie mirate per potenziare l'intelligenza emotiva.

NEUROSCIENZE, INTELLIGENZA E CREATIVITÀ

L'intersezione tra neuroscienze, intelligenza e creatività è un campo di ricerca in rapida espansione che sta fornendo approfondimenti rivoluzionari sui processi neurali sottostanti queste due facoltà umane fondamentali. Attraverso l'utilizzo di tecnologie avanzate come la risonanza magnetica funzionale (fMRI) e l'elettroencefalogramma (EEG), i ricercatori stanno iniziando a mappare come il cervello elabora le informazioni creative e intellettuali, sfidando e ampliando i concetti tradizionali di intelligenza e creatività.

Basi Neurali dell'Intelligenza

Le ricerche sulle basi neurali dell'intelligenza hanno identificato che non esiste un unico "centro dell'intelligenza" nel cervello. Piuttosto, l'intelligenza emerge dall'interazione di diverse reti neurali, che includono aree coinvolte nel ragionamento, nella memoria, nell'elaborazione visuo-spaziale e nella velocità di elaborazione. Studi recenti suggeriscono che la cosiddetta "efficienza neurale", ovvero la capacità del cervello di processare informazioni rapidamente e con meno sforzo, gioca un ruolo chiave nel determinare il quoziente intellettivo di un individuo.

Neuroscienze e Creatività

Analogamente, la ricerca sulla creatività ha rivelato che questa non è localizzata in una singola regione cerebrale, ma dipende dall'attivazione di una vasta rete di aree corticali. Particolare attenzione è stata rivolta alla "sistema della condizione di default" (Default Mode Network, DMN), che è attiva durante i periodi di pensiero vagante, sogni ad occhi aperti e generazione di idee creative. La creatività appare correlata alla capacità di passare in modo flessibile tra diverse reti neurali, inclusa la DMN e la rete di controllo esecutivo, che regola l'attenzione e il problem solving diretto.

Integrazione tra Intelligenza e Creatività

Studi recenti suggeriscono che l'intelligenza e la creatività, pur essendo processi distinti, sono strettamente interconnesse a livello neurale. La capacità di combinare pensiero convergente (tipico dei test di intelligenza) e pensiero divergente (cruciale per la creatività) può essere fondamentale per il massimo rendimento sia in compiti intellettuali che creativi. Questa integrazione sottolinea l'importanza di entrambe le capacità.

Ricerca Futura e Implicazioni Pratiche

Le scoperte neuroscientifiche stanno ridefinendo i nostri concetti di intelligenza e creatività, suggerendo che strategie educative e lavorative che promuovono sia il ragionamento analitico che la libertà creativa possono ottimizzare il potenziale umano. La comprensione delle basi neurali della creatività e dell'intelligenza apre nuove prospettive per lo sviluppo di interventi mirati per migliorare queste capacità, dalla personalizzazione dell'apprendimento all'uso di tecniche di stimolazione cerebrale non invasiva.

SVILUPPO

La psicologia dello sviluppo come disciplina scientifica ha iniziato a prendere forma alla fine del XIX e all'inizio del XX secolo, grazie a studiosi come Jean Piaget, Sigmund Freud, e Erik Erikson che hanno fornito le prime teorie sistematiche dello sviluppo psicologico. Piaget si è concentrato sullo sviluppo cognitivo dei bambini, Freud ha esplorato le fasi dello sviluppo psicosessuale, e Erikson ha ampliato quest'ultimo modello in una teoria dello sviluppo psicosociale che copre l'intera vita.

Negli anni, la disciplina si è evoluta per includere una gamma più ampia di approcci teorici e metodologici, incorporando le ricerche sul ruolo dei fattori culturali, ambientali, e biologici nello sviluppo. L'avvento delle neuroscienze ha introdotto nuovi strumenti per esaminare il cervello in crescita, arricchendo la comprensione dei meccanismi sottostanti allo sviluppo.

Metodi di Ricerca

La ricerca in psicologia dello sviluppo si avvale di una varietà di metodi per esplorare le complesse dinamiche dello sviluppo umano:

- **Studi longitudinali:** seguono lo stesso gruppo di individui nel tempo, fornendo dati preziosi sui cambiamenti e sulle continuità nel corso della vita.

•	**Studi trasversali:** confrontano individui di diverse età in un unico momento, offrendo una visione istantanea delle differenze legate all'età.

•	**Studi sequenziali:** combinano elementi degli approcci longitudinali e trasversali per superare alcune delle loro limitazioni.

•	**Metodi sperimentali e quasi-sperimentali:** utilizzati per esaminare le relazioni di causa-effetto, anche se più raramente a causa delle questioni etiche legate all'intervento nello sviluppo naturale.

La ricerca sullo sviluppo umano solleva importanti questioni etiche, specialmente quando coinvolge bambini e altre popolazioni vulnerabili. Gli studiosi devono garantire che la loro ricerca sia condotta in modo sicuro ed equo, con un'adeguata considerazione del consenso informato (o dell'assenso, per i bambini), della privacy e della riservatezza dei partecipanti, e dell'impatto potenziale degli studi sul benessere dei soggetti.

L'introduzione alla psicologia dello sviluppo pone le basi per esplorare come gli individui crescono e cambiano nel corso della vita. Questo campo di studio non solo arricchisce la nostra comprensione della natura umana ma offre anche apporti significativi per l'educazione, la cura, e le politiche volte a supportare lo sviluppo sano nelle diverse fasi della vita.

TEORIE DELLO SVILUPPO

- **Teoria Psicosessuale (Sigmund Freud)**
Fasi dello sviluppo psicosessuale.
- **Teoria Psicosociale (Erik Erikson)**
Fasi dello sviluppo psicosociale e crisi di identità.
- **Teoria dello Sviluppo Cognitivo (Jean Piaget)**
Stadi dello sviluppo cognitivo.
- **Teoria Socio-Culturale (Lev Vygotsky)**
Il ruolo del contesto sociale e culturale nello sviluppo cognitivo.
- **Teoria dell'Attaccamento (John Bowlby e Mary Ainsworth)**
Importanza dell'attaccamento nelle relazioni precoci.
- **Teoria Ecologica dello Sviluppo (Urie Bronfenbrenner)**
I sistemi ecologici e il loro ruolo nello sviluppo umano.
- **Teoria del Processamento dell'Informazione**
Come gli individui elaborano le informazioni: memoria, attenzione e percezione.

Teoria Psicosessuale (Sigmund Freud)

La teoria psicosessuale di Sigmund Freud è uno dei pilastri fondamentali della psicologia dello sviluppo, introducendo l'idea che lo sviluppo umano è guidato da forze inconsce, in particolare dall'energia sessuale (libido). Secondo Freud, il modo in cui questa energia viene espressa e gestita attraverso diverse fasi della vita determina la personalità e il comportamento dell'individuo adulto. Freud sottolinea l'importanza delle esperienze infantili, proponendo che conflitti irrisolti in qualsiasi fase possono portare a problemi psicologici in età adulta.

Le Cinque Fasi dello Sviluppo Psicosessuale

- **Fase Orale** (0-18 mesi)

Durante questa fase, il piacere è centrato intorno alla bocca. La suzione e il mangiare sono visti come attività principali per la soddisfazione.

- **Fase Anale** (18-36 mesi)

Il focus del piacere si sposta sul controllo degli sfinteri. Le sfide in questa fase includono affrontare le aspettative della società riguardo al controllo della vescica e dell'intestino.

- **Fase Fallica** (3-6 anni)

I bambini iniziano a concentrarsi sui loro organi genitali. Freud ha introdotto il complesso di Edipo in questa fase, dove i ragazzi sviluppano sentimenti inconsci per la madre e rivalità verso il padre. Per le ragazze, descrive il complesso di Elettra.

- **Fase di Latenza** (6 anni-pubertà)

Non è una fase di conflitto o focalizzazione libidica, ma un periodo di sviluppo sociale, intellettuale e creativo. Le energie psicosessuali sono sopite, e i bambini si concentrano sul gioco, le amicizie e la scuola.

- **Fase Genitale** (pubertà in poi)

Con la pubertà, l'interesse sessuale si risveglia con il focus sulla maturazione sessuale e sulle relazioni. Il successo in questa fase è rappresentato dalla capacità di stabilire relazioni intime ed equilibrate.

Sebbene la teoria di Freud abbia avuto un impatto duraturo sulla psicologia e sulla cultura popolare, essa ha anche suscitato numerose critiche. Alcuni critici hanno messo in discussione la sua enfasi sulle motivazioni sessuali, la generalizzabilità delle sue teorie basate su un ristretto campione di pazienti, e la difficoltà di validare scientificamente i suoi concetti. Nonostante ciò, il contributo di Freud alla comprensione della complessità dello sviluppo umano e alla nascita della psicoanalisi rimane inestimabile.

Teoria Psicosociale (Erik Erikson)

Erik Erikson, psicoanalista tedesco naturalizzato statunitense, ha ampliato la teoria psicosessuale di Freud introducendo la teoria psicosociale dello sviluppo. Questa teoria enfatizza l'importanza delle influenze sociali e culturali oltre a quelle biologiche e psicosessuali nell'evoluzione della personalità. Erikson postula che l'individuo attraversa otto fasi di sviluppo nel corso della vita, con ogni fase caratterizzata da una specifica crisi psicosociale che deve essere risolta per un sano sviluppo della personalità.

Le Otto Fasi dello Sviluppo Psicosociale

- **Fiducia vs. Sfiducia** (nascita-18 mesi)

Questa fase si concentra sulla formazione della fiducia. Il bambino sviluppa un senso di sicurezza e fiducia verso il mondo se le sue esigenze primarie, come nutrimento e affetto, sono soddisfatte con coerenza.

- **Autonomia vs. Vergogna e Dubbio** (18 mesi-3 anni)

I bambini iniziano a esplorare il mondo circostante e imparano a essere autonomi. La risoluzione positiva porta a un senso di autonomia, mentre l'insuccesso si traduce in sentimenti di vergogna e dubbio.

- **Iniziativa vs. Senso di Colpa** (3-6 anni)

In questa fase, i bambini sperimentano il loro potere e controllo attraverso il gioco e altre interazioni sociali. Un esito positivo porta all'iniziativa, mentre gli esiti negativi possono causare un eccessivo senso di colpa.

- **Diligenza vs. Inferiorità** (6 anni-pubertà)

Questa fase vede i bambini impegnati nell'apprendimento e nello sviluppo delle competenze. Il successo porta a un senso di diligenza, mentre il fallimento può portare a sentimenti di inferiorità.

- **Identità vs. Confusione di Ruolo** (adolescenza)

Gli adolescenti esplorano diverse identità per formare una chiara comprensione di sé. Una risoluzione positiva porta a una forte identità personale, mentre l'insuccesso porta a confusione di ruolo.

- **Intimità vs. Isolamento** (giovane età adulta)

Gli adulti giovani cercano relazioni intime. La capacità di stabilire relazioni significative porta all'intimità, mentre l'incapacità porta all'isolamento.

- **Generatività vs. Stagnazione** (età adulta media)

Gli adulti di mezza età si concentrano sulla creazione o la generazione di qualcosa che sopravviverà a loro, spesso attraverso la genitorialità o il lavoro. La soddisfazione porta alla generatività; altrimenti, si può sperimentare la stagnazione.

- **Integrità dell'Io vs. Disperazione** (età avanzata)

Riflettendo sulla vita, gli anziani possono sentirsi soddisfatti e compiuti, raggiungendo l'integrità dell'Io, oppure possono sperimentare la disperazione se si guardano indietro con rimpianti.

La teoria psicosociale di Erikson sottolinea l'importanza del contesto sociale e delle relazioni nel modellare lo sviluppo umano. Offre una cornice per comprendere come le esperienze di vita contribuiscano alla formazione della personalità e al benessere psicologico.

Sebbene la teoria di Erikson sia stata influente, ha suscitato alcune critiche per il suo focus orientato principalmente sullo sviluppo maschile e per l'assenza di una considerazione dettagliata delle influenze culturali diverse. Tuttavia, il suo lavoro rimane fondamentale per la psicologia dello sviluppo, offrendo un quadro comprensivo delle sfide psicosociali attraverso l'intero arco della vita.

Teoria dello Sviluppo Cognitivo (Jean Piaget)

Jean Piaget, famoso psicologo svizzero, ha rivoluzionato la comprensione dello sviluppo cognitivo infantile con la sua teoria che descrive come i bambini costruiscono una comprensione del mondo attraverso l'interazione con esso. Secondo Piaget, lo sviluppo cognitivo procede attraverso una serie di stadi, ciascuno caratterizzato da modi unici di pensare e di comprendere l'ambiente. La teoria di Piaget sottolinea l'importanza dell'azione e dell'esperienza diretta nel processo di apprendimento.

I Quattro Stadi dello Sviluppo Cognitivo

- **Stadio Senso-motorio** (0-2 anni)

I bambini esplorano il mondo attraverso i sensi e le azioni (guardare, toccare, succhiare). Durante questo stadio, sviluppano la nozione di "oggetto permanente", la comprensione che gli oggetti continuano a esistere anche quando non sono visibili.

- **Stadio Pre-operatorio** (2-7 anni)

In questo stadio, i bambini iniziano a pensare simbolicamente, ma il loro ragionamento è ancora intuitivo e non logico. Sono egocentrici, incapaci di assumere la prospettiva degli altri, e lottano con il concetto di conservazione (la comprensione che quantità come volume, numero e massa rimangono uguali nonostante i cambiamenti nella forma o nell'aspetto).

- **Stadio Operatorio Concreto** (7-11 anni)

I bambini iniziano a pensare logicamente riguardo agli oggetti concreti e alle situazioni. Sviluppano la capacità di comprendere la conservazione e possono classificare gli oggetti in base a diverse caratteristiche. Tuttavia, il loro pensiero è ancora limitato al concreto; l'astrazione e il ragionamento ipotetico rimangono difficili.

• **Stadio Operatorio Formale** (dai 12 anni in poi)

L'ultimo stadio vede l'emergere della capacità di pensare in modo astratto, logico e sistematico. Gli adolescenti possono formulare ipotesi e pensare a possibilità future, partecipando a ragionamenti deduttivi e astratti.

Processi Chiave nello Sviluppo Cognitivo

• **Schemi**

Gli schemi sono strutture cognitive o modelli di azione che aiutano i bambini a interpretare e reagire all'ambiente. Sono dinamici e si adattano attraverso i processi di assimilazione e accomodamento.

• **Assimilazione e Accomodamento**

L'assimilazione avviene quando i bambini incorporano nuove esperienze nei loro schemi esistenti, mentre l'accomodamento si verifica quando gli schemi vengono modificati per adattarsi a nuove esperienze.

• **Equilibrazione**

L'equilibrazione è il motore che spinge il passaggio da uno stadio all'altro, un processo di bilanciamento tra assimilazione e accomodamento che porta a una maggiore stabilità cognitiva.

Implicazioni Educative della Teoria di Piaget

La teoria di Piaget ha avuto un grande impatto sull'educazione, enfatizzando l'importanza dell'apprendimento attivo, dell'esplorazione e dell'interazione con l'ambiente. Suggerisce che l'insegnamento debba essere adattato agli stadi di sviluppo cognitivo del bambino e che l'educazione dovrebbe promuovere il pensiero critico e la scoperta indipendente.

Teoria Socio-Culturale (Lev Vygotsky)

La teoria socio-culturale di Lev Vygotsky, psicologo russo del XX secolo, sottolinea l'importanza fondamentale del contesto sociale e culturale nello sviluppo cognitivo dell'individuo. A differenza di Piaget, che enfatizzava le fasi di sviluppo individuale, Vygotsky credeva che la cultura e l'interazione sociale svolgessero un ruolo cruciale nella formazione del pensiero e dell'apprendimento. Secondo Vygotsky, la conoscenza è costruita attraverso le interazioni sociali e successivamente internalizzata dall'individuo.

Concetti Chiave della Teoria Socio-Culturale

- ### Zona di Sviluppo Prossimale (ZSP)

La ZSP è definita come la distanza tra il livello attuale di sviluppo, determinato dalla capacità di risolvere problemi in modo indipendente, e il livello di sviluppo potenziale, raggiungibile attraverso la risoluzione di problemi sotto la guida di adulti o in collaborazione con compagni più capaci. Questo concetto evidenzia l'importanza del supporto sociale nell'apprendimento.

- ### Mediazione Semiotica

Vygotsky ha introdotto l'idea che strumenti e simboli culturali, come il linguaggio, la matematica e l'arte, mediano l'attività mentale umana. La mediazione semiotica facilita il processo attraverso cui gli individui apprendono a organizzare i loro pensieri, risolvere problemi e comunicare.

- **Linguaggio e Pensiero**

Un altro principio fondamentale della teoria di Vygotsky è il rapporto tra linguaggio e pensiero. Il linguaggio inizia come uno strumento di comunicazione sociale e diventa gradualmente un mezzo di pensiero interiore. Il linguaggio interno svolge un ruolo critico nel processo cognitivo, permettendo il pensiero astratto e la pianificazione.

Implicazioni Educative della Teoria di Vygotsky

La teoria socio-culturale ha importanti implicazioni per l'educazione. Suggerisce che l'insegnamento efficace debba basarsi sulla Zona di Sviluppo Prossimale degli studenti, utilizzando il linguaggio e altri strumenti culturali per guidare l'apprendimento. Inoltre, promuove l'apprendimento collaborativo, in cui gli studenti lavorano insieme e si aiutano a vicenda, facilitando la costruzione collettiva della conoscenza.

Teoria dell'Attaccamento (John Bowlby e Mary Ainsworth)

La teoria dell'attaccamento, sviluppata inizialmente da John Bowlby e successivamente espansa da Mary Ainsworth, è un pilastro fondamentale della psicologia dello sviluppo. Questa teoria esplora la profonda connessione tra i bambini e i loro caregiver, sottolineando come le prime relazioni affettive influenzino lo sviluppo emotivo, sociale e psicologico. Bowlby propose che un legame sicuro con il caregiver sia essenziale per la sopravvivenza e lo sviluppo sano, influenzando i modelli di attaccamento nelle relazioni future.

Concetti fondamentali della Teoria dell'Attaccamento

- **Basi dell'Attaccamento**

Bowlby identificò l'attaccamento come un bisogno biologico innato che promuove la sopravvivenza. Il sistema di attaccamento motiva i bambini a cercare vicinanza e sicurezza con i loro caregiver in situazioni di stress o pericolo.

- **Modello Interno Operativo**

Secondo Bowlby, le esperienze di attaccamento nei primi anni di vita portano alla formazione di modelli interni operativi, ovvero rappresentazioni mentali di sé stessi, degli altri e delle relazioni. Questi modelli influenzano il comportamento nelle relazioni future e la percezione di sé.

- **Stili di Attaccamento**

Mary Ainsworth, attraverso la sua procedura sperimentale nota come "Strange Situation", identificò tre principali stili di attaccamento nei bambini: sicuro, ansioso-evitante e ansioso-ambivalente. Più tardi fu aggiunto uno stile disorganizzato/disorientato da altri ricercatori.

Stili di Attaccamento e Caratteristiche

- **Attaccamento Sicuro**

I bambini con attaccamento sicuro si sentono liberi di esplorare l'ambiente sapendo che possono contare sul ritorno del caregiver. Mostrano disagio quando il caregiver lascia e gioia al suo ritorno.

- **Attaccamento Ansioso-Evitante**

I bambini evitano il caregiver dopo una separazione e tendono a mostrare poca emozione al suo ritorno. Appaiono indipendenti ma potrebbero in realtà sopprimere il bisogno di vicinanza.

- **Attaccamento Ansioso-Ambivalente**

Questi bambini mostrano ansia significativa alla partenza del caregiver e ambivalenza al suo ritorno, cercando conforto ma anche resistendo al contatto. Hanno difficoltà a sentirsi sicuri.

- **Attaccamento Disorganizzato/Disorientato**

Caratterizzato da comportamenti inconsistenti o contraddittori, questo stile riflette spesso esperienze di trauma o negligenza. I bambini possono apparire confusi o spaventati durante la riunione con il caregiver.

Implicazioni della Teoria dell'Attaccamento

La teoria dell'attaccamento ha ampie implicazioni per la comprensione dei disturbi emotivi e comportamentali, l'elaborazione di interventi psicoterapeutici e lo sviluppo di pratiche parentali sensibili e rispondenti. Ha influenzato i campi della psicologia clinica, dell'educazione e del welfare infantile, sottolineando l'importanza di relazioni di attaccamento sicure per il benessere psicologico.

Teoria Ecologica dello Sviluppo (Urie Bronfenbrenner)

La Teoria Ecologica dello Sviluppo, formulata dallo psicologo americano Urie Bronfenbrenner negli anni '70, offre una visione olistica dello sviluppo umano. Questa teoria mette in evidenza come l'ambiente in cui una persona vive influenzi il suo sviluppo, sottolineando l'importanza delle interazioni tra l'individuo e i vari sistemi ecologici. Bronfenbrenner propone che lo sviluppo sia il risultato delle relazioni dinamiche tra l'individuo e i diversi ambienti, o sistemi, che lo circondano.

I Cinque Sistemi Ecologici

Bronfenbrenner ha identificato cinque sistemi interconnessi che influenzano lo sviluppo individuale:

- **Microsistema**: Comprende le relazioni e le interazioni immediate dell'individuo con ambienti come la famiglia, la scuola e i coetanei. Questo livello è il contesto più vicino all'individuo e ha l'impatto più diretto.

- **Mesosistema:** Rappresenta le connessioni tra i microsistemi, come la relazione tra la famiglia e la scuola. Le interazioni positive tra questi ambienti sostengono lo sviluppo.

- **Ecosistema:** Include i contesti sociali che influenzano indirettamente l'individuo, come i luoghi di lavoro dei genitori o i servizi comunitari. Anche se l'individuo non interagisce direttamente con questi contesti, essi possono influenzare il microsistema.

- **Macrosistema:** Si riferisce alla cultura più ampia, comprese le convinzioni, i valori, le norme e le leggi che influenzano gli ambienti e le interazioni all'interno dei livelli precedenti.

-     **Cronosistema:** Include le transizioni e i cambiamenti nella vita dell'individuo, nonché gli eventi storici che influenzano gli altri quattro sistemi. Questo sistema mostra l'implicazione del fattore temporale nell'influenzare lo sviluppo.

Implicazioni della Teoria Ecologica dello Sviluppo

La teoria di Bronfenbrenner ha profonde implicazioni per l'educazione, la politica sociale e l'intervento psicologico. Suggerisce che per supportare efficacemente lo sviluppo individuale, le strategie dovrebbero considerare non solo l'individuo ma anche il suo ambiente più ampio. La teoria sollecita l'importanza di creare politiche e pratiche che promuovano ambienti sani e di supporto in tutti i livelli ecologici.

Teoria del Processamento dell'Informazione

La Teoria del Processamento dell'Informazione rappresenta un approccio cognitivo allo studio dello sviluppo umano, focalizzandosi su come gli individui percepiscono, elaborano e memorizzano le informazioni. Questo modello, ispirato al funzionamento dei computer, analizza la mente umana in termini di come elabora i dati attraverso varie fasi di codifica, conservazione e recupero. Esamina specificamente i meccanismi sottostanti come memoria, attenzione e percezione e come questi si sviluppano nel corso della vita.

Memoria

- **Memoria Sensoriale:** Il primo stadio del processamento dell'informazione, dove le impressioni sensoriali sono conservate per un brevissimo periodo. Permette di selezionare quali stimoli meritano ulteriore attenzione.

- **Memoria a Breve Termine (MBT) o Memoria di Lavoro**: Funziona come uno spazio di lavoro per elaborare e manipolare attivamente le informazioni. La sua capacità è limitata, e le informazioni possono essere mantenute solo per un breve lasso di tempo senza ripetizione o elaborazione.

- **Memoria a Lungo Termine (MLT):** Rappresenta il magazzino quasi illimitato delle informazioni acquisite. La MLT è dove le conoscenze, le abilità e i ricordi di esperienze passate sono conservati per essere recuperati quando necessario.

Memoria: Oltre i Fondamenti

- **Strategie di Memorizzazione:** Gli individui sviluppano varie strategie per migliorare la memorizzazione, come la ripetizione, l'organizzazione del materiale in unità significative (chunking) e l'uso di mnemotecniche. Queste strategie diventano più sofisticate con l'età e l'esperienza.

- **Memoria Implicita ed Esplicita:** La memoria implicita si riferisce alla conoscenza o alle abilità acquisite che utilizziamo senza consapevolezza conscia (es. andare in bicicletta), mentre la memoria esplicita include fatti e esperienze di cui siamo consapevoli e possiamo verbalizzare.

- **Memoria di Lavoro e Funzioni Esecutive:** La memoria di lavoro non è solo uno spazio di archiviazione temporaneo, ma anche un'area critica per le funzioni esecutive, come il ragionamento, la pianificazione e il problem solving. Questa componente della cognizione si sviluppa significativamente durante l'infanzia e l'adolescenza.

Attenzione

L'attenzione è il processo attraverso cui si selezionano le informazioni rilevanti dall'ambiente mentre si ignorano gli stimoli irrilevanti. Nello sviluppo infantile, la capacità di concentrare e mantenere l'attenzione migliora significativamente, consentendo apprendimenti più complessi e l'elaborazione efficace delle informazioni.

- **Attenzione Selettiva:** La capacità di concentrarsi su uno stimolo specifico.

- **Attenzione Sostenuta:** La capacità di mantenere la concentrazione su un compito nel tempo.

Attenzione: Profondità e Sfide

- **Attenzione Divisa:** La capacità di prestare attenzione a più compiti o stimoli contemporaneamente. Questa abilità migliora con l'età, ma è influenzata da fattori quali la complessità dei compiti e i livelli di abilità.

- **Attenzione e Disturbi dell'Apprendimento:** Le difficoltà di attenzione possono influire significativamente sull'apprendimento e sul rendimento scolastico. Condizioni come il Disturbo da Deficit di Attenzione/Iperattività (ADHD) richiedono interventi specifici per supportare l'elaborazione efficace delle informazioni.

Percezione

La percezione riguarda l'interpretazione degli stimoli sensoriali da parte del cervello, permettendo agli individui di comprendere e dare significato al loro ambiente. Lo sviluppo percettivo nei bambini coinvolge l'apprendere a distinguere tra stimoli importanti e quelli di sottofondo e ad usare le informazioni sensoriali per guidare le decisioni e le azioni.

- **Percezione Visiva:** Riguarda la capacità di interpretare e comprendere informazioni visive.

- **Percezione Uditiva:** Implica l'interpretazione dei suoni e la capacità di localizzare la fonte del suono nello spazio.

Percezione: Dinamica e Interpretazione

- **Percezione e Apprendimento Sensoriale:** La percezione è strettamente legata all'apprendimento sensoriale. L'esposizione a varie esperienze sensoriali può affinare la percezione, facilitando la discriminazione di stimoli sottili e complessi.

• **Percezione Multisensoriale:** La capacità di integrare informazioni da più sensi per comprendere meglio l'ambiente. Il miglioramento della percezione multisensoriale amplia la capacità di apprendimento e di interazione con l'ambiente.

Applicazioni Pratiche e Didattiche

• **Didattica Differenziata:** Considerare le differenze individuali nel processamento dell'informazione quando si progettano le attività didattiche. L'utilizzo di approcci multimodali che coinvolgono vari canali sensoriali può migliorare l'apprendimento.

• **Tecnologie Assistive:** L'uso di tecnologie e software educativi può essere personalizzato per supportare specifiche esigenze di apprendimento, sfruttando i punti di forza nell'elaborazione dell'informazione di ciascun studente.

Considerazioni Aggiuntive

• **Impatto delle Emozioni sul Processamento dell'Informazione:** Le emozioni possono influenzare significativamente come elaboriamo e ricordiamo le informazioni. Situazioni emotive positive tendono a migliorare la memoria e l'apprendimento, mentre quelle negative possono ostacolarli.

• **Differenze Individuali e Culturali:** Le esperienze di vita, il background culturale e le differenze cognitive influenzano i modelli di processamento dell'informazione. È importante considerare queste variabili quando si valutano le capacità cognitive e si progettano interventi educativi.

Studi e posizioni dei Teorici

George A. Miller

Nel suo lavoro fondamentale "The Magical Number Seven, Plus or Minus Two" (1956), Miller ha esplorato i limiti della memoria a breve termine (o memoria di lavoro). Sostenendo che le persone possono tenere in mente circa sette elementi (plus o minus due) contemporaneamente, suggerendo l'importanza di strategie di organizzazione come il chunking per migliorare l'elaborazione delle informazioni.

Alan Baddeley e Graham Hitch

Questi psicologi hanno introdotto il modello della memoria di lavoro negli anni '70, espandendo il concetto di memoria a breve termine. Hanno proposto che la memoria di lavoro comprenda diversi sottosistemi (il loop fonologico, il taccuino visuo-spaziale e l'esecutivo centrale) che lavorano insieme per elaborare e memorizzare temporaneamente le informazioni. Il loro modello ha enfatizzato la memoria di lavoro come spazio dinamico per l'elaborazione attiva.

Robert Sternberg

Sternberg ha contribuito con la teoria triarchica dell'intelligenza, che include l'intelligenza pratica (o contestuale), evidenziando come gli individui elaborano le informazioni per adattarsi, modellare e selezionare ambienti. La sua ricerca sulle differenze individuali nel processamento dell'informazione ha sottolineato come le strategie cognitive, la velocità di elaborazione e la conoscenza tacita influenzino le prestazioni intellettuali.

John Sweller

Sweller ha sviluppato la teoria del carico cognitivo, concentrata sul modo in cui le informazioni sono presentate e come ciò influisce sull'apprendimento. Ha distinto tra carico cognitivo intrinseco, estraneo e pertinente, suggerendo che per ottimizzare l'apprendimento, il materiale didattico dovrebbe ridurre il carico estraneo e massimizzare il carico pertinente, facilitando così l'elaborazione delle informazioni essenziali.

Applicazioni Pratiche Basate sui Contributi dei Teorici

• **Didattica e Design Istruzionale:** I contributi di Miller, Baddeley, Hitch e Sweller offrono indicazioni cruciali per la progettazione di materiali didattici che tengano conto dei limiti e delle capacità della memoria di lavoro. L'uso del chunking, la minimizzazione del carico cognitivo estraneo e l'impiego di supporti visivi possono migliorare l'efficacia dell'apprendimento.

• **Sviluppo di Competenze di Problem Solving:** La teoria triarchica dell'intelligenza di Sternberg evidenzia l'importanza di insegnare agli studenti non solo contenuti accademici ma anche strategie di problem solving pratico e creativo, preparandoli meglio per sfide reali.

- **Interventi Educativi Personalizzati:** La comprensione delle differenze individuali nel processamento dell'informazione può guidare lo sviluppo di interventi personalizzati che rispettino i ritmi di apprendimento unici di ciascun studente, migliorando l'engagement e l'efficacia educativa.

SVILUPPO COGNITIVO

- **Teoria dell'Elaborazione dell'Informazione**

Come i bambini diventano più efficienti nel processare informazioni.

- **Imparare a Imparare (Metacognizione)**

Sviluppo della consapevolezza dei propri processi di pensiero.

La Teoria dell'Elaborazione dell'Informazione e l'Efficienza Cognitiva

La Teoria dell'Elaborazione dell'Informazione, influenzata dai lavori di teorici come George A. Miller, Alan Baddeley e Robert Siegler, esplora come gli esseri umani, in particolare i bambini, elaborano le informazioni. Questa teoria mette in luce il miglioramento dell'efficienza cognitiva nel tempo, attribuendo particolare importanza ai processi di memoria, attenzione e funzioni esecutive.

La Memoria in Evoluzione

George A. Miller con la sua scoperta del "magico numero sette" ha gettato le basi per comprendere i limiti della memoria umana. Questo concetto è stato poi espanso da Alan Baddeley, il quale ha introdotto il modello della memoria di lavoro, delineando sottocomponenti specifiche che supportano l'elaborazione e il mantenimento temporaneo delle informazioni.

- **Strategie di Memorizzazione:** Con l'età, i bambini adottano strategie più complesse, come evidenziato dalle ricerche di John H. Flavell, che ha studiato l'evoluzione della metacognizione nei bambini, sottolineando come diventano consapevoli delle proprie strategie di memorizzazione e apprendimento.

Velocità di Elaborazione e Automatizzazione

Robert Siegler ha contribuito significativamente alla comprensione della strategia di cambiamento attraverso i suoi studi sull'acquisizione delle abilità matematiche nei bambini, dimostrando come l'efficienza nel processamento dell'informazione aumenti con l'esperienza e la pratica. L'automatizzazione di determinate abilità, come la lettura e il calcolo, libera risorse cognitive per compiti più avanzati.

Sviluppo delle Funzioni Esecutive

Il concetto di funzioni esecutive, comprese pianificazione, controllo inibitorio e flessibilità cognitiva, è stato esplorato da numerosi psicologi cognitivi. Queste funzioni, fondamentali per l'elaborazione efficace delle informazioni, migliorano notevolmente durante l'infanzia e l'adolescenza, come dimostrato dagli studi condotti da Adele Diamond, che ha evidenziato l'importanza delle funzioni esecutive nello sviluppo cognitivo e scolastico dei bambini.

L'Acquisizione di Conoscenze ed Esperienze

La ricerca di Jean Piaget sull'assimilazione e l'accomodamento ha gettato le basi per comprendere come i bambini costruiscono attivamente la conoscenza interagendo con il loro ambiente. L'acquisizione di nuove informazioni e la capacità di integrarle con la conoscenza preesistente diventano più efficienti con lo sviluppo di schemi cognitivi più complessi.

Influenze Ambientali e il Ruolo degli Insegnanti

L'ambiente in cui un bambino cresce e apprende gioca un ruolo cruciale nell'influenzare l'efficienza del processamento dell'informazione. I contributi di Lev Vygotsky alla comprensione del ruolo dell'ambiente sociale e culturale sottolineano l'importanza dell'interazione e della guida degli adulti nel facilitare l'apprendimento. Insegnanti e genitori possono promuovere lo sviluppo cognitivo attraverso l'uso di strategie didattiche mirate che stimolano la memoria, l'attenzione e le funzioni esecutive.

Imparare a Imparare (Metacognizione)

La metacognizione, un concetto cruciale nella psicologia dell'apprendimento e dello sviluppo, si riferisce alla "cognizione sulla cognizione" o alla consapevolezza e al controllo dei propri processi di pensiero. **John Flavell**, uno dei pionieri nello studio della metacognizione, ha definito questo termine evidenziando come la capacità di riflettere sul proprio apprendimento, strategie cognitive e conoscenza possa migliorare significativamente l'efficienza dell'apprendimento e la risoluzione dei problemi. "Imparare a imparare" implica sviluppare una consapevolezza di come apprendiamo meglio e utilizzare attivamente tale consapevolezza per regolare e ottimizzare il processo di apprendimento.

Componenti della Metacognizione

La metacognizione comprende due componenti principali:

- **Conoscenza Metacognitiva**: Si riferisce alla consapevolezza di un individuo delle proprie capacità cognitive e di come funzionano i diversi compiti cognitivi. Include la comprensione di quali strategie di apprendimento funzionino meglio in vari contesti.

- **Regolazione Metacognitiva**: Riguarda le azioni che gli individui intraprendono per controllare il proprio apprendimento. Ciò include la pianificazione di come affrontare un compito, il monitoraggio della propria comprensione e l'adattamento delle strategie quando necessario.

Sviluppo della Metacognizione nei Bambini

Lo sviluppo metacognitivo inizia nell'infanzia e continua attraverso l'adolescenza e l'età adulta. I bambini iniziano a mostrare segni precoci di consapevolezza metacognitiva già in età prescolare, ma è durante gli anni scolastici che le loro capacità metacognitive diventano più sofisticate. La capacità di riflettere sul proprio apprendimento e adattare le strategie di studio diventa particolarmente evidente e cruciale durante l'adolescenza, un periodo in cui gli studenti sono chiamati a gestire compiti accademici più complessi.

Strategie per Promuovere la Metacognizione

Insegnanti e genitori possono svolgere un ruolo significativo nel promuovere lo sviluppo metacognitivo:

• **Incoraggiare la Riflessione:** Stimolare discussioni che invitino i bambini a riflettere sulle loro strategie di apprendimento e sui processi di pensiero.

• **Diari di Apprendimento:** Utilizzare diari o log di apprendimento dove gli studenti registrano ciò che hanno appreso, le strategie utilizzate e le riflessioni sui loro processi di pensiero.

• **Insegnamento Esplicito delle Strategie:** Insegnare strategie di studio, come la mappatura concettuale o le tecniche di auto-interrogazione, e discutere quando e come utilizzarle efficacemente.

• **Feedback Orientato al Processo:** Fornire feedback che non solo valuti il prodotto finale dell'apprendimento ma anche il processo utilizzato per arrivarci, enfatizzando l'importanza della pianificazione, del monitoraggio e della valutazione.

Benefici dell'Educazione Metacognitiva

Incorporare l'educazione metacognitiva nel curriculum può avere numerosi benefici, tra cui:

- **Miglioramento dell'Apprendimento Autodiretto:** Gli studenti diventano più capaci di guidare il proprio apprendimento, individuando le strategie più efficaci per loro.

- **Aumento della Motivazione e dell'Autostima:** La consapevolezza delle proprie capacità cognitive può migliorare la motivazione e l'autostima degli studenti.

- **Adattabilità:** Gli studenti sviluppano la capacità di adattarsi a diversi contesti di apprendimento e compiti, una competenza chiave nel mondo in rapida evoluzione di oggi.

In conclusione

La metacognizione, o l'arte di "imparare a imparare", è un aspetto fondamentale dello sviluppo cognitivo che consente agli individui di prendere il controllo del proprio processo di apprendimento. Educatori e genitori possono svolgere un ruolo cruciale nel promuovere abilità metacognitive, preparando così i bambini e gli adolescenti non solo al successo scolastico ma anche a una vita di apprendimento continuo e adattivo.

SVILUPPO SOCIO-EMOTIVO

- **La Teoria del Sé (Carl Rogers)**
Sviluppo del concetto di sé e dell'autostima.
- **Sviluppo Morale (Lawrence Kohlberg)**
Stadi del ragionamento morale e influenze culturali.
- **Altri teorici che si sono occupati dello Sviluppo Moral**e
J. Piaget, C. Gilligan, E. Turiel, N. Noddings, J. Rest

La Teoria del Sé (Carl Rogers)

Carl Rogers, uno dei fondatori della psicologia umanistica, ha introdotto una visione rivoluzionaria del sé e del suo sviluppo, ponendo l'accento sull'importanza dell'esperienza soggettiva, dell'autopercezione e del bisogno intrinseco di crescita personale. La sua teoria del sé è centrata sulla nozione di auto-realizzazione e sulla convinzione che ogni individuo possieda un potenziale innato per il cambiamento positivo e lo sviluppo personale. Rogers ha evidenziato come l'ambiente e le relazioni interpersonali influenzino profondamente la formazione e l'evoluzione del sé.

Componenti Chiave della Teoria del Sé

- **Sé Attuale e Sé Ideale:** Rogers distingue tra il sé attuale, che rappresenta come ci vediamo e ci percepiamo nel momento presente, e il sé ideale, che rappresenta ciò che desideriamo essere o crediamo dovremmo essere. La discrepanza tra queste due percezioni può essere fonte di malcontento e tensione psicologica.

- **Bisogno di Considerazione Positiva Incondizionata:** Uno dei concetti fondamentali della teoria di Rogers è il bisogno umano di ricevere accettazione e amore incondizionati dagli altri, soprattutto dai caregiver primari. Tale accettazione promuove un senso di valore e contribuisce allo sviluppo di un sé positivo.

- **Processo di Valutazione Organica:** Rogers sostiene che gli individui possiedono una capacità innata di valutare le proprie esperienze in termini di contributo al proprio benessere e realizzazione. Questo processo di valutazione organica aiuta le persone a orientarsi verso comportamenti e scelte che promuovono la loro crescita personale.

Sviluppo del Sé nei Bambini e negli Adolescenti

Secondo Rogers, il sé inizia a formarsi nei primi anni di vita attraverso le interazioni con i caregiver e l'ambiente. Le esperienze di considerazione positiva incondizionata durante l'infanzia sono cruciali per lo sviluppo di un concetto di sé positivo e integrato. Durante l'adolescenza, il processo di definizione del sé diventa più complesso, poiché gli individui esplorano diverse identità e ruoli in cerca di autenticità e congruenza tra il sé percepito e il sé ideale.

Lo Sviluppo Morale (Lawrence Kohlberg)

Lawrence Kohlberg, influente psicologo del XX secolo, ha esteso il lavoro di Jean Piaget sul ragionamento morale, proponendo una teoria complessa che descrive come si sviluppa la moralità nelle persone. Kohlberg era particolarmente interessato a come gli individui decidono cosa sia giusto o sbagliato in situazioni morali complesse. La sua teoria dello sviluppo morale si basa su studi longitudinali e analisi di dilemmi morali, portando alla definizione di sei stadi di ragionamento morale, organizzati in tre livelli principali.

I Tre Livelli e i Sei Stadi dello Sviluppo Morale

Kohlberg ha identificato tre livelli principali di sviluppo morale, ciascuno dei quali comprende due stadi:

1) Livello Preconvenzionale: Il focus è sulle conseguenze dirette delle azioni per l'individuo.

>**Stadio 1:** Orientamento all'obbedienza e alla punizione. Le azioni sono valutate in base alle loro conseguenze fisiche; ciò che evita la punizione è "giusto".

>**Stadio 2:** Individualismo e Scambio. Viene riconosciuto che anche gli altri hanno bisogni; le azioni giuste soddisfano i bisogni individuali e possono comportare scambi reciprocamente vantaggiosi.

2) Livello Convenzionale: L'accettazione delle regole e delle convenzioni sociali è centrale.

>**Stadio 3:** Orientamento alla conformità interpersonale. Il comportamento "giusto" è quello che piace o aiuta gli altri e viene approvato da loro.

Stadio 4: Orientamento all'autorità e al mantenimento dell'ordine sociale. Viene data priorità al mantenimento della legge, dell'ordine e dell'autorità, considerando la società nel suo insieme.

3) Livello Postconvenzionale (o Principi): Il ragionamento si basa su principi morali astratti.

Stadio 5: Contratto sociale o utilità e diritti individuali. Viene riconosciuta l'importanza delle regole, ma esse possono essere messe in discussione se limitano i diritti degli individui.

Stadio 6: Principi etici universali. Le decisioni morali si basano su principi di giustizia, uguaglianza e rispetto per la dignità umana.

Implicazioni Educative e Sociali

La teoria di Kohlberg ha significative implicazioni per l'educazione e la società. Suggerisce che l'educazione morale dovrebbe andare oltre l'insegnamento delle regole sociali e incoraggiare gli studenti a riflettere criticamente su dilemmi morali. L'obiettivo è promuovere lo sviluppo di un ragionamento morale più avanzato, che consideri principi universali di giustizia e diritti umani.

Critiche e Sviluppi Successivi

La teoria di Kohlberg è stata oggetto di varie critiche, in particolare riguardo alla sua applicabilità universale e alla presunta priorità data alla giustizia rispetto ad altri valori, come la cura e la responsabilità interpersonale, come evidenziato dai lavori di Carol Gilligan. Inoltre, alcuni studiosi hanno messo in dubbio la linearità e la rigidità degli stadi proposti da Kohlberg. Nonostante queste critiche, la teoria di Kohlberg rimane un punto di riferimento fondamentale nello studio dello sviluppo morale.

Altri teorici che si sono occupati dello sviluppo morale

• **Jean Piaget:** Prima di Kohlberg, Jean Piaget ha esplorato le basi dello sviluppo morale nei bambini. Il suo lavoro si è concentrato sulle regole dei giochi come metafora dell'etica e ha identificato due stadi di sviluppo morale: il "moralismo eteronomo", dove i bambini vedono le regole come fisse e imposte dall'autorità, e il "moralismo autonomo", dove i bambini iniziano a comprendere che le regole sono create dalle persone e possono essere negoziate.

• **Carol Gilligan:** In risposta alla teoria di Kohlberg, Carol Gilligan ha proposto un approccio differente allo sviluppo morale basato sul genere. Nel suo libro "In a Different Voice" (1982), Gilligan sostiene che la teoria di Kohlberg rifletteva principalmente un punto di vista maschile, enfatizzando la giustizia, mentre trascurava un'etica della cura e della responsabilità interpersonale, che lei riteneva fossero più caratteristiche dell'esperienza femminile.

• **Eliot Turiel:** Turiel ha introdotto il concetto di "domini sociali" nello studio dello sviluppo morale, suggerendo che i bambini distinguono tra convenzioni sociali (norme arbitrarie stabilite dalla società) e questioni morali basate sulla giustizia, sui diritti e sul benessere degli altri. Questo approccio ha enfatizzato la comprensione dei bambini della contestualità delle norme morali e sociali.

• **Nel Noddings:** Focalizzandosi sull'educazione, Noddings ha promosso l'importanza dell'etica della cura, un approccio relazionale allo sviluppo morale che pone al centro l'importanza di mantenere relazioni di cura. Secondo Noddings, l'educazione morale dovrebbe promuovere la reciprocità, l'empatia e la connessione emotiva tra individui.

• **James Rest:** Ha sviluppato un modello del ragionamento morale che includeva quattro componenti: giudizio morale (decidere sulla giustezza di un'azione), selezione di un'azione morale, impegno morale (dare priorità ai valori morali su altri valori) e ego-strength (mantenere l'impegno morale anche di fronte agli ostacoli). Rest ha anche creato il **Defining Issues Test (DIT)** per misurare la capacità di ragionamento morale.

INFLUENZE AMBIENTALI SULLO SVILUPPO

• Il Ruolo del Gioco (Donald Winnicott)
Importanza del gioco nello sviluppo emotivo e sociale.

Il Ruolo del Gioco (Donald Winnicott)

Donald Winnicott, psicoanalista britannico e pediatra, ha profondamente influenzato la comprensione del ruolo del gioco nello sviluppo emotivo e psicologico dei bambini. Nella sua visione, il gioco non è solo una forma di svago o divertimento, ma un'attività cruciale che contribuisce allo sviluppo della creatività, dell'immaginazione e della capacità di relazione con gli altri. Per Winnicott, il gioco rappresenta uno spazio potenzialmente terapeutico, un "area intermedia di esperienza", dove i bambini possono esplorare il confine tra realtà interna e realtà esterna.

Il Gioco e lo Spazio Transizionale
Winnicott introduce il concetto di "spazio transizionale" per descrivere il gioco come un'esperienza che si colloca nella zona intermedia tra la realtà interna soggettiva e il mondo esterno oggettivo. Gli oggetti transizionali, come un orsacchiotto o una coperta, svolgono un ruolo significativo in questo spazio, fungendo da consolatori e simboli della madre o del caregiver in loro assenza. Questi oggetti aiutano i bambini a gestire le separazioni e facilitano il passaggio dallo stato di dipendenza infantile all'autonomia.

Il Gioco e lo Sviluppo dell'Individuo

Secondo Winnicott, il gioco è fondamentale per lo sviluppo della capacità di stare da soli, un'abilità importante che permette al bambino di sentirsi a proprio agio nella propria compagnia, stimolando al contempo la creatività e l'autoespressione. Nel gioco, i bambini esercitano il controllo sull'ambiente, sperimentano con vari ruoli e identità, e apprendono a negoziare tra desideri personali e le richieste della realtà esterna.

Implicazioni Educative e Terapeutiche

Il lavoro di Winnicott sul gioco ha importanti implicazioni per l'educazione e la terapia. Sottolinea l'importanza di fornire spazi sicuri e accoglienti nei contesti educativi e terapeutici dove i bambini possono esplorare liberamente e giocare. Gli educatori e i terapeuti sono incoraggiati a riconoscere il valore del gioco non strutturato, che promuove lo sviluppo emotivo, cognitivo e sociale.

- **Gioco Libero:** La promozione del gioco libero, senza obiettivi specifici, consente ai bambini di esprimere se stessi e di elaborare le proprie esperienze interne.

- **Ascolto e Partecipazione:** Gli adulti dovrebbero ascoltare attivamente e, quando appropriato, partecipare al gioco, validando le esperienze dei bambini e facilitando la loro esplorazione e apprendimento.

APPRENDIMENTO

Teorie e Processi dell'Apprendimento

L'apprendimento è un processo complesso attraverso il quale gli individui acquisiscono nuove informazioni, competenze, comportamenti, valori o preferenze. Esso rappresenta una componente fondamentale dello sviluppo umano e gioca un ruolo cruciale in ogni aspetto della vita educativa. Le teorie dell'apprendimento cercano di spiegare come avvenga questo processo, offrendo approcci diversi basati su osservazioni psicologiche, cognitive e sociali.

Teorie Comportamentiste dell'Apprendimento

Le teorie comportamentiste, sviluppate da psicologi come **John B. Watson**, **B.F. Skinner** e **Ivan Pavlov,** si concentrano su come l'apprendimento sia influenzato da stimoli esterni, con particolare attenzione al condizionamento classico e operante.

• **Condizionamento Classico (Pavlov):** Descrive come un comportamento riflesso possa essere condizionato (appreso) associando uno stimolo neutro a uno stimolo incondizionato che evoca una risposta naturale.

- **Condizionamento Operante (Skinner):** Si concentra su come le conseguenze di un comportamento influenzino la probabilità che tale comportamento si ripeta. Rinforzi e punizioni sono strumenti chiave in questo processo di apprendimento.

Teorie Cognitive dell'Apprendimento

Le teorie cognitive, introdotte da psicologi come **Jean Piaget** e **Jerome Bruner**, evidenziano l'importanza dei processi mentali interni nell'apprendimento. Queste teorie esplorano come gli individui elaborino le informazioni, risolvano problemi e sviluppino la comprensione concettuale.

- **Teoria dello Sviluppo Cognitivo (Piaget):** Piaget identifica fasi specifiche dello sviluppo cognitivo, attraverso le quali i bambini costruiscono attivamente la loro comprensione del mondo via via che interagiscono con esso.

- **Apprendimento per Scoperta (Bruner):** Bruner sostiene che gli studenti apprendano meglio attraverso la scoperta attiva, organizzando e interpretando nuove informazioni in base a ciò che già conoscono.

Teorie Costruttiviste dell'Apprendimento

Il costruttivismo, influenzato dai lavori di Vygotsky, mette in evidenza l'importanza del contesto sociale e culturale nell'apprendimento. Questa prospettiva considera l'apprendimento come un processo attivo di costruzione della conoscenza.

- **Zona di Sviluppo Prossimale (Vygotsky):** Vygotsky introduce il concetto di zona di sviluppo prossimale, sottolineando come l'apprendimento avvenga meglio quando gli studenti affrontano compiti leggermente al di là delle loro capacità attuali, con il supporto di insegnanti o coetanei più esperti.

Teorie dell'Apprendimento Sociale

Albert Bandura, con la sua teoria dell'apprendimento sociale, evidenzia come gran parte dell'apprendimento umano avvenga attraverso l'osservazione, l'imitazione e la modellazione (**modeling**). Il concetto di **autoefficacia** di Bandura è centrale nell'influenzare la motivazione e il comportamento di apprendimento degli individui.

Teorie Situate dell'Apprendimento (Situated Learning)

Le teorie situate dell'apprendimento, avanzate da **Jean Lave** e **Etienne Wenger**, enfatizzano l'importanza del contesto sociale e culturale in cui avviene l'apprendimento. Queste teorie sostengono che l'apprendimento è intrinsecamente legato alla partecipazione attiva nelle pratiche di una comunità, attraverso il concetto di "legittima partecipazione periferica". In ambito educativo, ciò suggerisce la creazione di comunità di pratica dove gli studenti possono imparare facendo parte attivamente di un contesto sociale di apprendimento.

Stili di Apprendimento

David Kolb ha introdotto la teoria degli stili di apprendimento, che classifica gli studenti in base al modo in cui preferiscono ricevere e elaborare le informazioni. Gli stili di apprendimento di Kolb – **concreti**, **riflessivi**, **teorici** e **pragmatici** – evidenziano come gli studenti possano beneficiare di metodi didattici diversi. Riconoscere e adattarsi agli stili di apprendimento degli studenti può migliorare significativamente l'efficacia dell'insegnamento.

Intelligenze Multiple e Apprendimento Differenziato

Howard Gardner, con la sua teoria delle intelligenze multiple, ha ampliato la nozione tradizionale di intelligenza per includere una varietà di domini cognitivi, come l'intelligenza musicale, corporeo-cinestetica, intrapersonale e interpersonale, tra gli altri. Questo approccio sottolinea la necessità di un apprendimento differenziato che riconosca e valorizzi la diversità delle capacità intellettive degli studenti, promuovendo metodi didattici che si adattino alle loro forze uniche.

Apprendimento Emotivo e Sociale

Daniel Goleman ha portato l'attenzione sull'intelligenza emotiva, sostenendo che le abilità come la consapevolezza di sé, l'autoregolazione, la motivazione intrinseca, l'empatia e le abilità sociali sono fondamentali per il successo scolastico e personale. Gli educatori sono quindi incoraggiati a integrare l'apprendimento emotivo e sociale nei curricoli, preparando gli studenti a gestire efficacemente le relazioni e le emozioni.

Il Mastery Learning e le Tassonomie di Benjamin Bloom:

Benjamin Bloom, un eminente educatore e psicologo, è celebre per il suo lavoro nel campo dell'istruzione, in particolare per il concetto di "Mastery Learning" (apprendimento basato sulla padronanza) e per lo sviluppo delle sue tassonomie educative. Il Mastery Learning si basa sull'idea che tutti gli studenti possono padroneggiare un argomento se ricevono il tempo e il supporto necessari. Differisce dall'approccio tradizionale in cui gli studenti vengono fatti avanzare attraverso il materiale educativo a un ritmo predeterminato. Invece, il Mastery Learning enfatizza l'apprendimento a ritmi individualizzati, garantendo che uno studente padroneggi completamente un concetto prima di passare al successivo.

Le Tassonomie di Bloom, un altro contributo fondamentale, forniscono un sistema di classificazione degli obiettivi educativi. La più nota è la **Tassonomia dei Domini Cognitivi**, che organizza gli obiettivi di apprendimento in una gerarchia che va da processi cognitivi semplici, come la memorizzazione di fatti, a processi più complessi, come l'analisi, la valutazione e la creazione. Questa tassonomia è stata ampiamente adottata nel campo dell'istruzione per guidare la progettazione dei curriculum e delle valutazioni.

SOCIALITÀ

- **Kurt Lewin** e la Teoria del Campo
- **Leon Festinger** e la Teoria della Dissonanza Cognitiva
- **Solomon Asch** e il Conformismo
- **Stanley Milgram** e l'Obbedienza all'Autorità

Kurt Lewin e la Teoria del Campo

Kurt Lewin (1890-1947), considerato il padre della psicologia sociale moderna, ha rivoluzionato il modo in cui comprendiamo le dinamiche di gruppo, il cambiamento sociale e personale, e l'applicazione di questi concetti nel contesto educativo. Con il suo famoso adagio "Il comportamento è una funzione dell'ambiente e della persona" ($B = f(P, E)$), Lewin ha posto le basi per una comprensione più profonda dell'interazione tra individuo e contesto sociale.

La Teoria del Campo di Lewin

Il contributo più significativo di Lewin al campo dell'educazione risiede nella sua Teoria del Campo, che sostiene che il comportamento umano deve essere visto come parte di un campo dinamico di forze. In questo campo, le forze psicologiche operano in una "spazialità psicologica" o ambiente di vita che include sia l'individuo sia l'ambiente sociale. Nell'ambito educativo, questa teoria aiuta gli insegnanti a comprendere come l'ambiente di apprendimento influenzi comportamenti e attitudini degli studenti.

Dinamiche di Gruppo e Leadership

Lewin ha condotto esperimenti sulle dinamiche di gruppo, mostrando come differenti stili di leadership (autocratico, democratico, lasciare-fare) influenzino la motivazione, la soddisfazione e la coesione del gruppo. Nelle scuole, l'applicazione di queste scoperte enfatizza l'importanza di un approccio democratico all'insegnamento, che incoraggia la partecipazione degli studenti, il senso di appartenenza e l'autonomia.

Leon Festinger e la Teoria della Dissonanza Cognitiva

Leon Festinger (1919-1989), psicologo sociale americano, ha lasciato un segno indelebile nella psicologia con la sua Teoria della Dissonanza Cognitiva. Attraverso i suoi studi, Festinger ha esplorato le tensioni interne che sorgono quando gli individui si trovano di fronte a informazioni o credenze contraddittorie, e come queste tensioni influenzino le decisioni e i comportamenti. L'applicazione di questa teoria nel contesto educativo offre spunti preziosi sulle motivazioni degli studenti e sulle strategie per promuovere l'apprendimento efficace.

Teoria della Dissonanza Cognitiva

La Teoria della Dissonanza Cognitiva di Festinger suggerisce che gli individui sono motivati a ridurre o eliminare la dissonanza, o il disagio psicologico, causata dalla presenza di due o più cognizioni (conoscenze, credenze, opinioni) inconsistenti. Nel contesto educativo, questa dissonanza può emergere quando gli studenti incontrano nuove informazioni che sfidano le loro preesistenti conoscenze o credenze.

Implicazioni Educative della Dissonanza Cognitiva

- **Promozione dell'Apprendimento Critico:** Gli educatori possono utilizzare situazioni di dissonanza cognitiva come opportunità per incoraggiare lo sviluppo del pensiero critico, spingendo gli studenti a valutare le loro convinzioni e ad adottare approcci più riflessivi e basati sull'evidenza.

- **Motivazione all'Apprendimento:** La dissonanza cognitiva può servire da catalizzatore per la motivazione intrinseca degli studenti, spingendoli a cercare nuove informazioni o a modificare le proprie convinzioni per ridurre il disagio psicologico.

- **Gestione del Cambiamento di Atteggiamento:** Comprendere come si verifica la dissonanza cognitiva può aiutare gli insegnanti a progettare interventi educativi che facilitino il cambiamento di atteggiamento, promuovendo valori come il rispetto, l'apertura mentale e la tolleranza.

Ricerca Sociale e Conformismo

Oltre alla dissonanza cognitiva, Festinger è noto per i suoi studi sul conformismo, esaminando come e perché gli individui cambiano le loro opinioni o comportamenti in risposta alla pressione del gruppo. Queste ricerche hanno implicazioni dirette per la dinamica di classe, offrendo spunti su come creare un ambiente educativo che incoraggi l'indipendenza di pensiero e riduca la pressione al conformismo negativo.

Applicazioni Pratiche in Ambito Educativo

Gli insegnanti possono applicare i principi della teoria di Festinger per:

- Creare dibattiti e discussioni in classe che sfidino in modo costruttivo le convinzioni degli studenti.

- Sviluppare metodi didattici che incoraggino l'esplorazione autonoma e la risoluzione di problemi.

- Promuovere un clima di classe che valorizzi la diversità di opinioni e incoraggi la condivisione aperta delle idee.

Solomon Asch e il Conformismo

Solomon Asch, psicologo sociale polacco naturalizzato statunitense, è noto per i suoi esperimenti rivoluzionari sul conformismo condotti negli anni '50. Attraverso semplici ma potenti esperimenti, Asch ha esplorato come e perché gli individui spesso conformano le loro opinioni a quelle della maggioranza, anche quando sono palesemente errate. Questi studi hanno rivelato l'influenza significativa che la pressione del gruppo può avere sul giudizio individuale, un concetto che ha profonde implicazioni nel contesto educativo.

L'esperimento di Asch

Nel suo esperimento più celebre, Asch chiedeva ai partecipanti di effettuare un semplice test visivo in cui dovevano confrontare la lunghezza di diverse linee. Nonostante la risposta corretta fosse ovvia, quando i complici (che i partecipanti credevano essere altri soggetti dello studio) sceglievano deliberatamente la risposta sbagliata, una significativa percentuale di partecipanti conformava il proprio giudizio a quello della maggioranza, dimostrando la potente forza della pressione sociale.

Implicazioni Educative della Ricerca sul Conformismo

La ricerca di Asch sul conformismo offre preziose lezioni per l'educazione, specialmente riguardo alla dinamica di classe e all'influenza dei pari:

* **Pensiero Critico e Indipendenza:** Gli insegnanti possono utilizzare i risultati di Asch per sottolineare l'importanza del pensiero critico e dell'indipendenza di giudizio, incoraggiando gli studenti a valutare le informa-

zioni in modo critico, anche di fronte alla pressione dei coetanei.

• **Clima di Classe Positivo:** Creare un ambiente di classe in cui gli studenti si sentano sicuri nel condividere le loro opinioni può ridurre la pressione alla conformità non critica e promuovere una cultura di apprendimento inclusiva e supportiva.

• **Insegnamento dell'Assertività:** Integrare lezioni sull'assertività e sull'autostima può preparare gli studenti a resistere alla pressione dei pari in modo costruttivo, promuovendo comportamenti più autonomi e riflessivi.

Stanley Milgram e l'Obbedienza all'Autorità

Stanley Milgram, psicologo sociale americano, ha lasciato un'impronta indelebile sulla psicologia con il suo studio sull'obbedienza all'autorità negli anni '60. Attraverso una serie di esperimenti innovativi e controversi, Milgram ha cercato di comprendere fino a che punto le persone avrebbero obbedito agli ordini di un'autorità, anche quando ciò comportava infliggere dolore ad altri. Questi studi hanno sollevato questioni fondamentali sull'essere umano, sulla moralità e sul potere dell'autorità, offrendo importanti lezioni per il contesto educativo.

L'esperimento di Milgram

Nel suo esperimento più noto, ai partecipanti veniva detto di somministrare scosse elettriche a un'altra persona (un complice che i partecipanti credevano essere un altro soggetto dello studio) ogni volta che questa sbagliava le risposte a un test di memoria. Le scosse sarebbero aumentate di intensità con ogni errore. Nonostante le evidenti manifestazioni di dolore da parte del complice, una sorprendente maggioranza di partecipanti ha continuato a somministrare le scosse fino al livello più elevato, su insistenza dell'autorità sperimentale.

Implicazioni Educative degli Studi sull'Obbedienza

* **Autorità e Responsabilità Morale:** L'esperimento di Milgram mette in luce la tensione tra obbedienza all'autorità e la responsabilità morale personale. Nell'educazione, questo solleva questioni importanti su come gli insegnanti esercitano la propria autorità e su come possono incoraggiare gli studenti a sviluppare il senso della responsabilità individuale.

- **Pensiero Critico e Autonomia:** Gli studi di Milgram evidenziano la necessità di insegnare il pensiero critico e l'autonomia, permettendo agli studenti di valutare le richieste di autorità in base a principi etici e morali, piuttosto che obbedire ciecamente.

EDUCAZIONE EMOTIVA

- **Daniel Goleman** e i Fondamenti dell'Intelligenza Emotiva
- **Carroll Izard** e la Teoria Differenziale delle Emozioni
- **Martin Hoffman** e l'Importanza dell'Empatia nello Sviluppo Morale
- **Norman Feshbach** e l'Empatia Multidimensionale
- **Edith Stein** e la Fenomenologia dell'Empatia
- **Karla McLaren** e la Gestione Emotiva

Daniel Goleman e i Fondamenti dell'Intelligenza Emotiva

Daniel Goleman ha sviluppato il concetto di "intelligenza emotiva" (in realtà il termine intelligenza emotiva è stato introdotto per la prima volta da Peter Salovey e John Meyer). Il lavoro di Goleman ha evidenziato come le competenze emotive influenzino significativamente il successo personale e professionale, oltre al tradizionale concetto di intelligenza misurata tramite il QI.

Definizione di Intelligenza Emotiva

Secondo Goleman, l'intelligenza emotiva si riferisce alla capacità di riconoscere, comprendere, gestire e influenzare le emozioni proprie e altrui. Questa definizione pone le basi per esplorare le sue cinque componenti chiave.

Le Cinque Componenti dell'Intelligenza Emotiva di Goleman:

Autoconsapevolezza: La capacità di riconoscere e comprendere le proprie emozioni, punti di forza, debolezze, valori e impatti sugli altri. Nel contesto educativo, promuove la riflessione personale e l'autoregolazione tra gli studenti.

Autoregolazione: Si riferisce alla capacità di controllare o reindirizzare impulsi e stati d'animo distruttivi; la propensione a riflettere prima di agire. Questo aiuta gli studenti a gestire lo stress e a rimanere flessibili di fronte ai cambiamenti.

Motivazione Intrinseca: Una passione per il lavoro che va oltre il denaro e lo status. È caratterizzata da un impegno verso gli obiettivi, l'ottimismo anche di fronte al fallimento e un orientamento al raggiungimento. Questa componente incoraggia gli studenti a perseguire i loro interessi e obiettivi.

Empatia: La capacità di comprendere le emozioni degli altri e di trattare le persone in base al loro stato emotivo. Nell'ambito scolastico, l'empatia contribuisce a creare un ambiente di apprendimento supportivo e inclusivo.

Abilità Sociali: Competenze nell'instaurare e mantenere buone relazioni, comunicare chiaramente, ispirare e influenzare gli altri, lavorare in team e gestire i conflitti. Queste abilità sono essenziali per la collaborazione e il lavoro di gruppo in classe.

Carroll Izard e La Teoria Differenziale delle Emozioni

Carroll Izard, uno psicologo rinomato per il suo lavoro sulle emozioni, ha contribuito significativamente alla comprensione di come le emozioni influenzino lo sviluppo umano e l'apprendimento. Il suo contributo più notevole è la teoria delle emozioni differenziali, che identifica e descrive un set di emozioni fondamentali come entità biologicamente innate e universali. Queste emozioni fondamentali includono gioia, interesse, sorpresa, tristezza, rabbia, disgusto, disprezzo, paura, vergogna e colpa.

Izard sosteneva che queste emozioni siano cruciali non solo per la sopravvivenza individuale, ma anche per il funzionamento sociale e la salute mentale. Secondo lui, ogni emozione ha specifiche funzioni adattative e contribuisce in modi unici allo sviluppo della personalità e alla regolazione del comportamento sociale. Ad esempio, la gioia stimola l'esplorazione e l'apprendimento, mentre la paura può proteggere da situazioni pericolose.

La Teoria Differenziale delle Emozioni di Carroll Izard si focalizza sull'importanza e il significato unico di diverse emozioni fondamentali nell'esperienza umana. Secondo Izard, le emozioni sono fenomeni biologici innati, ognuno con specifiche funzioni adattive e un ruolo unico nel regolare il comportamento e l'interazione sociale. Le emozioni, nella sua teoria, sono viste come sistemi di motivazione che guidano l'organismo verso specifiche risposte adattive.

Le emozioni principali identificate da Izard sono:

Interesse/Eccitamento: Motiva l'esplorazione, l'apprendimento e l'adattamento all'ambiente.

Gioia/Contentezza: Promuove la socializzazione, il gioco e la creatività.

Sorpresa/Stupore: Prepara l'individuo a nuove esperienze e facilita l'apprendimento rapido.

Tristezza/Dolore: Può promuovere l'empatia e la solidarietà, aiutando a processare le perdite.

Rabbia/Furia: Facilita la lotta contro gli ostacoli o la difesa da minacce.

Disgusto: Serve per evitare cose potenzialmente dannose o disgustose.

Disprezzo: Può essere collegato alla moralità e al giudizio sociale.

Paura/Timore: È un meccanismo di sopravvivenza per evitare il pericolo.

Vergogna: Legata alla consapevolezza di sé e alle norme sociali.

Colpa: Promuove il comportamento etico e riparatore.

Izard sostiene che queste emozioni fondamentali sono distinte l'una dall'altra, ognuna con pattern espressivi facciali e neurali specifici. Le emozioni interagiscono tra loro e con i processi cognitivi, influenzando la percezione, il pensiero e le decisioni.

Martin Hoffman e l'Importanza dell'Empatia nello Sviluppo Morale

Martin Hoffman è uno psicologo di spicco la cui ricerca si è concentrata sull'empatia e lo sviluppo morale. La sua teoria sostiene che l'empatia sia un fattore chiave nello sviluppo di una moralità sana e del comportamento prosociale.

Empatia e Sviluppo Morale:

Hoffman vede l'empatia, la capacità di comprendere e condividere i sentimenti altrui, come un catalizzatore cruciale per lo sviluppo morale. Spieghiamo come l'empatia incoraggi l'individuo a considerare gli altri nelle loro decisioni, contribuendo allo sviluppo di una coscienza morale e ad un comportamento etico.

Hoffman suggerisce che l'empatia non sia solo una reazione emotiva, ma anche un apprendimento cognitivo.

Un aspetto importante del lavoro di Hoffman è il concetto di "risposta empatica al distress altrui".

Le Fasi della Responsività Empatica di Hoffman:

Oltre a enfatizzare l'importanza dell'empatia nello sviluppo morale, Hoffman ha identificato diverse fasi attraverso le quali un individuo sviluppa la responsività empatica. Queste fasi mostrano come l'empatia evolve dalla prima infanzia fino all'età adulta.

- **Fase della Reattività Globale Empatica** (Neonatale): Questa fase inizia dalla nascita fino ai primi mesi di vita. I neonati mostrano una forma primitiva di empatia, come piangere quando sentono un altro bambino piangere. Questa reattività è globale e non differenzia il sé dagli altri.

- **Fase dell'Egocentrismo Empatico** (Infanzia Precoce): In questa fase, i bambini iniziano a riconoscere che gli altri hanno sentimenti separati dai propri, ma possono ancora avere difficoltà a distinguere completamente la prospettiva altrui dalla loro. Ad esempio, un bambino potrebbe offrire il suo giocattolo preferito a un amico triste, pensando che ciò che lo rende felice farà lo stesso con l'altro.

- **Fase dell'Empatia Basata su Ruoli** (Età Scolare): I bambini sviluppano una maggiore consapevolezza delle emozioni e delle prospettive altrui. Iniziano a comprendere e considerare i ruoli sociali e le relazioni, come essere in grado di capire quando un compagno di classe possa sentirsi escluso o offeso.

- **Fase dell'Empatia Consapevole di Sé** (Adolescenza): Gli adolescenti sviluppano una comprensione più sofisticata dell'empatia. Sono in grado di distinguere tra i propri sentimenti e quelli degli altri e possono comprendere situazioni emotive complesse. Hanno anche la capacità di mettersi nei panni di qualcuno in circostanze molto diverse dalle loro.

Norman Feshbach e l'Empatia Multidimensionale

Norman Feshbach, riconosciuto per il suo lavoro sull'empatia, è stato uno dei primi psicologi a distinguere tra diversi tipi di empatia e a studiarne gli effetti sul comportamento.

L'Empatia e le sue Diverse Dimensioni:

Feshbach identifica diverse forme di empatia, tra cui l'empatia affettiva, che si riferisce alla capacità di rispondere emotivamente agli stati emotivi altrui, e l'empatia cognitiva, che implica capire i pensieri e le prospettive degli altri. Questa distinzione è fondamentale per comprendere come l'empatia influenzi il comportamento e le interazioni sociali.

Il Modello Multidimensionale dell'Empatia di Feshbach

Il modello multidimensionale dell'empatia di Norman Feshbach rappresenta un approccio complesso e sfaccettato per comprendere l'empatia.

Questo modello suggerisce che l'empatia non sia un singolo tratto o capacità, ma piuttosto un insieme di capacità diverse che includono componenti affettive, cognitive e regolatorie.

• **Empatia Affettiva:** La prima dimensione è l'empatia affettiva, che si riferisce alla capacità di rispondere emotivamente agli stati emotivi di un'altra persona. Questa risposta può essere una condivisione diretta dell'emozione (ad esempio, sentirsi tristi quando si vede qualcuno piangere) o una reazione compassionevole alle circostanze di un'altra persona.

- **Empatia Cognitiva:** La seconda dimensione, l'empatia cognitiva, implica la capacità di capire intellettualmente gli stati emotivi e mentali degli altri. Include la capacità di adottare la prospettiva di un'altra persona, comprendendo le loro esperienze, sentimenti e pensieri da un punto di vista oggettivo.

- **Regolazione Empatica:** La terza dimensione è la regolazione empatica. Questa si riferisce alla capacità di regolare le proprie risposte emotive all'empatia. È importante per garantire che la reazione empatica non diventi eccessiva al punto da creare distress personale o ostacolare la capacità di aiutare efficacemente gli altri.

Edith Stein e la Fenomenologia dell'Empatia

Edith Stein, filosofa e fenomenologa, ha contribuito significativamente alla teoria dell'empatia. Il suo lavoro unisce profonde riflessioni filosofiche con una comprensione psicologica, offrendo una prospettiva unica sull'empatia.

Empatia e Fenomenologia:

Stein ha esplorato l'empatia non solo come un processo psicologico, ma come un fenomeno esistenziale e filosofico. Stein ha visto l'empatia come un modo per accedere all'esperienza altrui mantenendo una distinzione chiara tra sé e l'altro.

Empatia come Esperienza Intersoggettiva:

Secondo Stein, l'empatia è un processo attraverso il quale si comprendono le esperienze di un'altra persona "dal suo punto di vista". Questa comprensione non è un mero riconoscimento emotivo, ma un'esperienza più profonda di "entrare" nella prospettiva dell'altro mantenendo la propria individualità.

Empatia e Sviluppo dell'Io:

Stein sostiene che l'empatia sia essenziale non solo per comprendere gli altri, ma anche per lo sviluppo del sé. Attraverso l'empatia, si arriva a una migliore comprensione di sé, poiché essa ci consente di distinguere i nostri sentimenti da quelli degli altri e di sviluppare una consapevolezza di sé più profonda.

Karla McLaren e la Gestione Emotiva

Karla McLaren, educatrice emotiva e autrice, nota per il suo approccio innovativo alla comprensione e gestione delle emozioni. McLaren vede le emozioni non come ostacoli, ma come strumenti preziosi per la consapevolezza personale e la regolazione emotiva.

Le Emozioni come Messaggeri:

Secondo McLaren, le emozioni sono messaggeri che ci aiutano a comprendere noi stessi e il mondo che ci circonda. Ogni emozione porta con sé informazioni importanti e può agire come una bussola per le nostre azioni e decisioni.

Ascoltare e Comprendere le Emozioni:

McLaren sottolinea l'importanza di ascoltare attivamente le nostre emozioni e quelle degli altri. Questo processo di ascolto empatico consente una migliore comprensione di ciò che le emozioni comunicano e come possano guidarci in reazioni e decisioni adeguate.

Gestione Emotiva

Il concetto di McLaren di gestione emotiva, implica riconoscere, accettare e rispondere alle emozioni in modo costruttivo.

McLaren considera la gestione emotiva come un processo fondamentale per una sana intelligenza emotiva. Questo non implica sopprimere o ignorare le emozioni, ma piuttosto riconoscerle, comprenderle e utilizzarle in modo costruttivo.

Articolazione delle Emozioni

McLaren enfatizza l'importanza di essere in grado di identificare e descrivere le proprie emozioni. Questo processo di articolazione aiuta non solo a comprendere meglio le proprie emozioni, ma anche a comunicarle in modo più efficace agli altri.

Una volta riconosciute e comprese le emozioni, McLaren suggerisce di utilizzarle in modo costruttivo. Ciò può significare trasformare la rabbia in azione positiva, utilizzare la tristezza per comprendere cosa è importante per noi, o usare la paura come catalizzatore per la cautela e la preparazione.

Ascolto Empatico

Un altro aspetto della gestione emotiva è l'ascolto empatico – sia di sé stessi che degli altri. Questo aspetto aiuta non solo a comprendere le proprie emozioni, ma anche a sviluppare empatia per le esperienze emotive altrui.

Tecniche di Regolazione Emotiva

McLaren propone una serie di tecniche di regolazione emotiva come la respirazione consapevole, la meditazione, e la riflessione. Queste pratiche aiutano a calmare il sistema nervoso e a dare spazio per una risposta più riflessiva e meno reattiva alle emozioni.

PERSONALITÀ

Teorie Psicoanalitiche

Sigmund Freud: Struttura della Personalità e Stadi Psicosessuali

Sigmund Freud, il padre della psicoanalisi, ha avuto un impatto rivoluzionario sulla comprensione della personalità e del comportamento umano. Secondo Freud, la personalità è composta da tre elementi: l'Id, l'Ego e il Super-Ego. L'Id rappresenta le pulsioni istintive e primitive, operando sul principio del piacere, cercando la gratificazione immediata. L'Ego, che opera sul principio di realtà, funge da mediatore tra gli impulsi irrazionali dell'Id e le norme e i valori del Super-Ego, che rappresenta la voce della ragione e della moralità, influenzata dai valori e dagli ideali appresi dalla società e dai genitori.

Freud ha inoltre teorizzato che la personalità si sviluppa attraverso una serie di stadi psicosessuali: orale, anale, fallico, di latenza e genitale. Ogni stadio è caratterizzato da una sfida o un conflitto specifico che l'individuo deve risolvere. Se un conflitto in uno di questi stadi non viene risolto correttamente, Freud riteneva che l'individuo potesse rimanere "fissato" in quello stadio, influenzando i pattern comportamentali e la personalità nell'età adulta.

Freud ha anche introdotto il concetto di inconscio, sostenendo che molti dei nostri pensieri e comportamenti sono guidati da desideri e paure inconsce. Ha sviluppato tecniche terapeutiche come l'associazione libera e l'interpretazione dei sogni per esplorare e comprendere questo inconscio. Sebbene alcune delle teorie di Freud siano state oggetto di critiche e revisioni nel corso degli anni, il suo lavoro rimane una pietra miliare nella storia della psicologia, influenzando profondamente il modo in cui capiamo la psiche umana.

Carl Jung: Inconscio Collettivo e Archetipi

Carl Jung, un contemporaneo e inizialmente un seguace di Sigmund Freud, sviluppò teorie che si distaccavano significativamente dalle idee freudiane, introducendo concetti rivoluzionari nel campo della psicologia analitica. La sua teoria dell'inconscio collettivo è uno dei suoi maggiori contributi. Diversamente dall'inconscio personale di Freud, che si concentra su esperienze e impulsi repressi personali, Jung proponeva l'esistenza di un inconscio collettivo condiviso da tutti gli esseri umani, un deposito di esperienze e simboli universali della specie umana.

Gli archetipi, elementi centrali dell'inconscio collettivo di Jung, sono modelli innati o immagini primordiali che si manifestano in diverse culture attraverso miti, sogni, racconti e simboli. Tra gli archetipi più noti vi sono la Madre, il Padre, l'Eroe, il Saggio, l'Ombra (rappresentante gli aspetti oscuri e non accettati del Sé), l'Anima (l'elemento femminile nell'inconscio maschile) e l'Animus (l'elemento maschile nell'inconscio femminile).

Jung credeva anche nella natura dinamica della personalità, con concetti come il Sé (il centro della personalità e punto di equilibrio tra il conscio e l'inconscio) e il processo di individuazione, un viaggio di crescita personale verso la realizzazione di sé. Attraverso il processo di individuazione, l'individuo cerca di integrare gli elementi dell'inconscio con la consapevolezza cosciente, lavorando verso un senso di completezza.

Le teorie di Jung hanno avuto un profondo impatto sulla psicologia, in particolare su aree come la psicoterapia, la comprensione dei sogni, la spiritualità e l'arte. Nonostante le sue idee siano state in parte contestate o considerate meno scientifiche, hanno aperto nuove strade per la comprensione dell'esperienza umana e della personalità.

Alfred Adler: Complesso di Inferiorità e Ricerca della Superiorità

Alfred Adler è stato un altro pioniere della psicologia del profondo e un contemporaneo di Freud e Jung. Tuttavia, Adler ha sviluppato una teoria della personalità e un approccio alla psicoterapia che si distingueva notevolmente dalle loro idee. Uno dei concetti chiave di Adler è il complesso di inferiorità, secondo cui i sentimenti di inferiorità e debolezza sperimentati nell'infanzia motivano un desiderio di superare queste insicurezze. Adler credeva che tutti gli individui nascano con sentimenti di inferiorità e che gran parte della loro vita sia dedicata a superarli.

Un altro concetto fondamentale nella teoria di Adler è la ricerca della superiorità. Secondo Adler, questa ricerca non è una semplice compensazione per i sentimenti di inferiorità, ma un impulso motivazionale più ampio verso il miglioramento personale e il raggiungimento di un senso di realizzazione. Egli enfatizzava l'importanza del contesto sociale e comunitario nella formazione della personalità, sostenendo che le persone sono intrinsecamente motivate da obiettivi socialmente utili e dal desiderio di appartenere e contribuire alla società.

Adler ha anche introdotto il concetto di stile di vita, riferendosi a un modello unico di tratti, comportamenti e abitudini che ogni individuo sviluppa per far fronte ai propri problemi di inferiorità. Inoltre, ha posto l'accento sul ruolo dei fattori familiari e dell'ordine di nascita nello sviluppo della personalità.

Le teorie di Adler hanno avuto un'influenza duratura, soprattutto nel campo della psicoterapia, dove il suo approccio olistico e comunitario ha contribuito allo sviluppo della psicologia individuale e della terapia centrata sulla comunità. La sua enfasi sul potere della scelta individuale e sull'importanza dell'integrazione sociale rimane rilevante nei moderni approcci alla comprensione della personalità e del comportamento umano.

Teorie Comportamentiste

B.F. Skinner: Condizionamento Operante e Personalità

B.F. Skinner, uno dei più influenti psicologi comportamentisti, ha contribuito significativamente alla comprensione della personalità attraverso il suo concetto di condizionamento operante. Skinner sosteneva che il comportamento è largamente determinato dalle sue conseguenze; i comportamenti che vengono rinforzati (premiati) tendono ad essere ripetuti, mentre quelli che vengono puniti o non rinforzati tendono a diminuire nel tempo.

Il condizionamento operante si basa sull'idea che le azioni sono seguite da rinforzi (positivi o negativi) che influenzano la probabilità che quel comportamento si ripeta. Ad esempio, se un comportamento (come studiare duramente) è seguito da un rinforzo positivo (come ottenere un buon voto), è più probabile che questo comportamento si ripeta. Skinner ha anche esplorato il ruolo della punizione nel modificare il comportamento, ma ha sottolineato che il rinforzo è generalmente più efficace della punizione nel modellare i comportamenti a lungo termine.

Secondo Skinner, l'ambiente è fondamentale nel plasmare la personalità. Egli credeva che la personalità fosse il risultato dell'interazione tra l'individuo e il suo ambiente, con una particolare enfasi sul ruolo delle esperienze di apprendimento. Le differenze individuali nella personalità sono state attribuite a vari pattern di rinforzo e punizione sperimentati dall'individuo nel corso della vita.

Skinner ha anche esplorato le implicazioni del condizionamento operante in contesti educativi e sociali, proponendo modi per strutturare gli ambienti in modo tale da promuovere comportamenti desiderabili. Sebbene alcune delle sue idee siano state criticate per aver trascurato fattori interni come emozioni, pensieri e decisioni, l'impatto di Skinner sulla psicologia del comportamento e sulla comprensione della personalità rimane fondamentale.

Albert Bandura: Apprendimento Sociale e Autoefficacia

Albert Bandura, uno psicologo influente nel campo della psicologia del comportamento, è noto per la sua teoria dell'apprendimento sociale, che ha introdotto una dimensione cognitiva nella comprensione del comportamento umano, estendendo i concetti tradizionali del comportamentismo. Secondo Bandura, le persone non apprendono solo attraverso il condizionamento operante o classico, ma anche osservando e imitando gli altri, un processo che ha definito "apprendimento osservazionale" o "modellamento".

Uno dei concetti chiave della sua teoria è l'autoefficacia, ovvero la convinzione di un individuo nella propria capacità di eseguire comportamenti che porteranno a risultati desiderati. Bandura ha sostenuto che l'autoefficacia è fondamentale per determinare quanto una persona si impegnerà in un compito, quanto persevererà di fronte alle avversità e quale sarà il suo livello di performance. L'autoefficacia non solo influenza il comportamento, ma anche i pensieri e le emozioni: una maggiore autoefficacia porta a impostazioni di obiettivi più ambiziosi, maggiore resilienza e minori livelli di ansia.

Bandura ha anche esaminato il ruolo dei fattori ambientali e cognitivi nell'apprendimento, proponendo il concetto di determinismo reciproco. Questo suggerisce che non solo l'ambiente influenzava il comportamento dell'individuo, ma anche l'individuo aveva la capacità di influenzare e cambiare il proprio ambiente. Questa interazione dina-

mica tra fattori comportamentali, cognitivi e ambientali
fornisce un quadro più completo della personalità umana
e del comportamento.

Il lavoro di Bandura ha avuto un impatto significativo in
vari ambiti della psicologia, inclusa la terapia comportamentale, l'educazione, l'auto-aiuto e la psicologia orga-
nizzativa. Le sue teorie sul modellamento, l'autoefficacia
e il determinismo reciproco hanno fornito strumenti importanti per comprendere e modificare il comportamento
umano.

Teorie Umanistiche

Abraham Maslow: Gerarchia dei Bisogni e Auto-Realizzazione

Abraham Maslow, psicologo umanistico, è meglio conosciuto per la sua teoria della Gerarchia dei Bisogni, che ha avuto un impatto significativo sul nostro modo di comprendere la motivazione umana e lo sviluppo della personalità. Secondo Maslow, i bisogni umani sono organizzati in una gerarchia a piramide, che va dai bisogni più basilari ai più complessi. Alla base della piramide ci sono i bisogni fisiologici, come cibo e riparo, seguiti dai bisogni di sicurezza, che includono sicurezza e stabilità.

Sopra questi, ci sono i bisogni sociali, come l'amore e l'appartenenza, seguiti dai bisogni di stima, che riguardano il riconoscimento e il rispetto. Al vertice della piramide c'è il bisogno di auto-realizzazione, che Maslow descrive come il desiderio di raggiungere il massimo potenziale e di realizzare il sé. Maslow sosteneva che per raggiungere un livello superiore di bisogni, quelli inferiori devono essere prima soddisfatti. Tuttavia, ha anche riconosciuto che il progresso attraverso i livelli della gerarchia non è sempre lineare.

Maslow ha ampliato la teoria della personalità includendo il concetto di picchi esperienziali, momenti di intensa gioia e trascendenza, che gioca un ruolo fondamentale nell'esperienza dell'auto-realizzazione. Secondo lui, le persone che raggiungono l'auto-realizzazione sono in grado di superare le preoccupazioni egoistiche e di stabilire connessioni più profonde con gli altri e il mondo intorno a loro.

La teoria di Maslow ha avuto un'enorme influenza non solo nella psicologia, ma anche in campi come l'educazione, la gestione aziendale e la salute mentale. Il suo lavoro ha contribuito a spostare il focus della psicologia dalle patologie e malattie mentali alla ricerca della crescita personale e del benessere.

Carl Rogers: Terapia Centrata sulla Persona e Sé Autentico

Carl Rogers, illustre psicologo umanistico, è particolarmente rinomato per il suo approccio rivoluzionario alla psicoterapia, noto come terapia centrata sulla persona. Questo approccio si basa sull'idea che ogni individuo possieda una tendenza innata verso la crescita e la realizzazione del proprio potenziale, un processo che Rogers chiama "tendenza attualizzante". Secondo Rogers, in un ambiente terapeutico accogliente, non giudicante e autentico, le persone possono sviluppare una comprensione più profonda di se stesse e possono iniziare a superare i disallineamenti tra il loro sé reale e il loro sé ideale.

Il concetto di Sé Autentico è centrale nella teoria della personalità di Rogers. Egli credeva che, per vivere una vita piena e realizzata, gli individui devono allinearsi con il loro vero sé, anziché conformarsi alle aspettative altrui o ai sé idealizzati. Il Sé Autentico si riferisce a chi siamo veramente, alle nostre vere emozioni, desideri e bisogni, a differenza del Sé Falso, che rappresenta ciò che pensiamo che gli altri vogliano da noi.

Rogers sottolineava anche l'importanza delle tre condizioni fondamentali per una terapia efficace: empatia, congruenza (autenticità o genuinità) e accettazione incondizionata (rispetto incondizionato). Credeva che queste condizioni creassero un ambiente terapeutico che permette ai clienti di aprire e esplorare liberamente i propri pensieri e sentimenti, facilitando il cambiamento personale e la crescita.

Il lavoro di Rogers ha avuto un impatto duraturo in psicologia, influenzando non solo la pratica terapeutica, ma anche l'approccio all'istruzione, alla gestione, alla comunicazione e alle relazioni interpersonali. La sua enfasi sull'importanza dell'ascolto empatico e della genuinità nelle interazioni umane ha risonanza ancora oggi in molteplici settori.

Teorie dei Tratti

Gordon Allport: Teoria dei Tratti della Personalità

Gordon Allport è stato un pioniere nel campo della psicologia della personalità e ha dato un contributo fondamentale con la sua teoria dei tratti. Contrariamente ad altri psicologi del suo tempo, che ponevano enfasi sull'inconscio o sul comportamento, Allport si concentrava sull'individualità e sulla consapevolezza. Egli sosteneva che la personalità è costituita da un insieme unico di tratti, ovvero caratteristiche relativamente stabili e coerenti che guidano il comportamento, i pensieri e le emozioni di un individuo.

Allport ha distinto i tratti in tre categorie: tratti cardinali, centrali e secondari. I tratti cardinali sono quei tratti che dominano e definiscono la vita di una persona, spesso al punto che gli individui sono noti per questi tratti. I tratti centrali sono le caratteristiche generali che formano la base della personalità di un individuo, come l'onestà o la socievolezza. I tratti secondari sono quelli che sono meno ovvi e meno coerenti, emergendo solo in certe situazioni o in specifiche circostanze.

Allport enfatizzava anche l'importanza della prospettiva idiografica nella psicologia, promuovendo lo studio degli individui come entità uniche, piuttosto che cercare di generalizzare le loro esperienze a tutti. Questo approccio era in contrasto con quello nomotetico, che si concentra su tratti e comportamenti comuni a molti individui. La sua attenzione all'unicità individuale ha influenzato significativamente la pratica clinica, portando a un maggiore interesse nell'esplorare le storie personali e i vissuti dei clienti.

Il lavoro di Allport sulla teoria dei tratti e sulla personalità ha avuto un impatto duraturo nella psicologia. La sua enfasi sull'importanza dell'individualità e dell'autoespressione continua a influenzare la ricerca e la pratica psicologica, contribuendo alla comprensione delle complesse dinamiche che formano la personalità umana.

Raymond Cattell: Teoria dei Fattori e Analisi Fattoriale

Raymond Cattell, psicologo inglese naturalizzato statunitense, ha fornito un contributo significativo alla psicologia della personalità con la sua teoria dei fattori della personalità. Cattell è noto per aver utilizzato un metodo scientifico rigoroso, l'analisi fattoriale, per identificare e categorizzare le diverse caratteristiche della personalità. Ha teorizzato che i tratti della personalità possono essere suddivisi in unità più piccole e misurabili, che ha definito "fattori".

Cattell ha differenziato tra tratti superficiali e tratti originari. I tratti superficiali sono i tratti osservabili nel comportamento quotidiano, mentre i tratti originali sono più profondi e costituiscono la struttura sottostante della personalità. Attraverso l'analisi fattoriale, ha identificato 16 fattori di personalità, che credeva fossero presenti in tutte le persone ma variassero in intensità da individuo a individuo. Questi 16 fattori, che includono elementi come l'intelligenza pratica, l'ansia, l'estroversione e l'indipendenza, forniscono una base per comprendere la varietà e la complessità delle caratteristiche umane.

La teoria di Cattell ha anche posto l'accento sul ruolo della genetica e dell'ambiente nel modellare la personalità, suggerendo un approccio più olistico. Egli riteneva che l'analisi scientifica e quantitativa fosse fondamentale per comprendere veramente la natura della personalità umana.

L'approccio di Cattell e l'uso dell'analisi fattoriale hanno avuto un impatto duraturo sullo studio della personalità. Il suo lavoro ha permesso una più accurata misurazione e valutazione dei tratti della personalità, influenzando sia la ricerca che la pratica clinica in psicologia. La sua enfasi sull'oggettività e sulla quantificazione nella ricerca della personalità ha contribuito a legittimare ulteriormente la psicologia come scienza.

Modello dei Cinque Grandi Fattori

Il Modello dei Cinque Grandi Fattori, spesso chiamato Big Five, è uno schema ampiamente riconosciuto per la categorizzazione dei tratti di personalità. Emerso dagli studi di vari psicologi tra cui Lewis Goldberg, Robert McCrae e Paul Costa, il modello si concentra su cinque dimensioni chiave che sono state individuate come consistenti in diverse culture e studi. Queste dimensioni sono: Estroversione (estroversi vs. introversi), Apertura mentale (aperti vs. chiusi alle nuove esperienze), Coscienziosità (organizzati e affidabili vs. disorganizzati e negligenti), Amicalità (amichevoli e compassionevoli vs. antagonisti e distaccati) e Nevroticismo (emotivamente instabili vs. emotivamente stabili).

Ogni dimensione rappresenta un continuum su cui gli individui possono essere posizionati, piuttosto che categorizzarli in tipi distinti. Questo approccio riconosce la natura sfumata della personalità e permette una valutazione più flessibile e personalizzata. L'Estroversione riguarda il grado in cui una persona è energica e cerca la compagnia degli altri, mentre l'Apertura mentale valuta la curiosità intellettuale, la creatività e la preferenza per la varietà.

La Coscienziosità misura la responsabilità e l'affidabilità, l'Amicalità valuta la gentilezza, l'affidabilità e l'affettuosità, mentre il Nevroticismo è relativo alla tendenza a sperimentare emozioni negative come ansia, rabbia o depressione.

Il modello Big Five è diventato uno strumento standard nella psicologia per la misurazione della personalità. È utilizzato in una varietà di applicazioni, dalla ricerca sulla personalità, alla selezione del personale, alla psicoterapia. Questo modello è apprezzato per la sua semplicità, affidabilità e la sua capacità di applicazione su diverse culture e popolazioni.

Teorie Cognitiviste

George Kelly: Teoria dei Costrutti Personali

George Kelly, psicologo americano, è noto per aver sviluppato la teoria dei costrutti personali nel campo della psicologia della personalità. Secondo Kelly, la personalità di un individuo è formata da un insieme di "costrutti personali", che sono sistemi o schemi cognitivi utilizzati per interpretare e dare significato alle esperienze. I costrutti personali sono essenzialmente filtri mentali attraverso i quali vediamo il mondo e comprendiamo gli eventi che ci circondano.

Kelly ha introdotto il concetto di "man as a scientist", sostenendo che gli individui, come gli scienziati, utilizzano i costrutti personali per formulare ipotesi sul mondo e prevedere gli eventi. Questi costrutti possono essere basati su esperienze passate, convinzioni culturali e valori personali, e possono variare ampiamente da persona a persona, portando a diverse percezioni della realtà.

Un aspetto chiave della teoria di Kelly è la sua visione della personalità come un processo dinamico. Egli credeva che gli individui siano attivamente coinvolti nel riformulare e adattare i loro costrutti in risposta a nuove esperienze, piuttosto che essere passivamente influenzati dall'ambiente. Questo implica che la personalità sia flessibile e soggetta a cambiamenti nel tempo.

Kelly ha anche sviluppato un metodo terapeutico, noto come la tecnica di repertorio a griglia, per aiutare le persone a identificare e esaminare i loro costrutti personali. Questo strumento consente di valutare come gli individui vedono se stessi, gli altri e il mondo, e di individuare costrutti che possono essere disfunzionali o limitanti.

La teoria dei costrutti personali di Kelly ha avuto un impatto significativo sulla psicologia, offrendo una prospettiva unica su come gli individui percepiscono il mondo e sviluppano la loro personalità. Ha fornito un quadro utile per comprendere come le differenze nelle percezioni individuali influenzino il comportamento e le relazioni interpersonali.

Aaron Beck: Terapia Cognitiva e Personalità

Aaron Beck, psichiatra e psicoterapeuta universalmente riconosciuto come il padre della terapia cognitiva. La sua teoria sottolinea il ruolo dei processi cognitivi nello sviluppo e nel mantenimento dei disturbi psicologici, soprattutto la depressione. Secondo Beck, sono i modelli di pensiero distorti e negativi, noti come "schemi" o "cognizioni", che influenzano profondamente la personalità e il comportamento.

Beck identificò diversi tipi di pensieri automatici negativi che le persone tendono ad avere su se stesse, sul loro futuro e sul mondo che li circonda, che egli definì la "triade cognitiva". Questi pensieri spesso distorti e irrazionali possono portare a emozioni negative e comportamenti disfunzionali. Per esempio, una persona che soffre di depressione potrebbe vedere se stessa come inutile (auto-valutazione negativa), il suo futuro come disperato (visione pessimistica del futuro) e il mondo come ostile o ingiusto (percezione negativa dell'ambiente).

La terapia cognitiva di Beck mira a identificare e sfidare questi pensieri automatici negativi, aiutando gli individui a sviluppare modelli di pensiero più realistici e funzionali. Attraverso questo processo, la terapia cognitiva mira non solo a alleviare i sintomi dei disturbi psicologici, ma anche a promuovere cambiamenti positivi nella personalità e nel comportamento complessivo.

Il lavoro di Beck ha rivoluzionato il trattamento di disturbi come la depressione, l'ansia e i disturbi alimentari, e ha avuto un impatto significativo sul modo in cui i professionisti della salute mentale comprendono e trattano una vasta gamma di problemi psicologici. La sua enfasi sull'importanza dei processi cognitivi nella formazione e nel mantenimento della personalità ha fornito preziose intuizioni per la psicoterapia e la psicologia clinica.

Teorie Biologiche e Evolutive

Hans Eysenck: Teoria dei Tre Fattori (Psicotismo, Estroversione, Nevroticismo)

Hans Eysenck, uno dei più influenti psicologi della personalità del XX secolo, è noto per la sua teoria dei tre fattori della personalità, che classifica le caratteristiche della personalità in tre dimensioni principali: psicotismo, estroversione e nevroticismo (PEN). La sua teoria si distingue per il suo forte orientamento biologico e sperimentale nell'analizzare la personalità.

Estroversione-Introversione: Questo asse misura il grado di orientamento verso il mondo esterno (estroverso) o interno (introverso) di un individuo. Gli estroversi sono spesso descritti come socievoli, attivi e impulsivi, mentre gli introversi sono più riservati, riflessivi e calmi.

Nevroticismo-Stabilità Emotiva: Questo fattore riguarda la stabilità emotiva e il controllo degli impulsi. Un punteggio alto in nevroticismo indica una maggiore tendenza all'ansia, alla depressione e ad altri stati emotivi negativi, mentre un punteggio basso indica maggiore stabilità emotiva e resilienza.

Psicotismo: Introdotta più tardi nella sua teoria, questa dimensione include tratti come aggressività, mancanza di empatia, creatività e tendenza a un pensiero non convenzionale. Il termine "psicotismo" non indica necessariamente una psicopatologia, ma piuttosto una gamma di tratti che possono essere presenti in vario grado in ogni individuo.

Eysenck teorizzava che queste dimensioni della personalità fossero radicate nella biologia, in particolare nella genetica e nella neurochimica. Egli credeva che la personalità fosse influenzata sia da fattori ereditari sia da fattori ambientali, ma dava un'importanza significativa ai fattori biologici.

Il lavoro di Eysenck ha avuto un profondo impatto sullo studio della personalità, promuovendo approcci più empirici e quantitativi. La sua teoria ha stimolato una vasta ricerca e ha contribuito allo sviluppo di strumenti di valutazione della personalità, come il famoso Eysenck Personality Questionnaire. Le sue idee continuano a influenzare e a stimolare discussioni nel campo della psicologia della personalità.

CONCETTI CHIAVE

Pensiero convergente e pensiero divergente (Guilford)

Il pensiero convergente e il pensiero divergente sono due modalità cognitive fondamentali nel processo creativo e di risoluzione dei problemi. Il pensiero convergente è caratterizzato dalla capacità di trovare la soluzione più efficace a un problema già definito, generalmente attraverso l'uso di logica e ragionamento analitico. È un processo lineare che si concentra sull'arrivare a una risposta specifica, spesso considerata "corretta" o "ottimale". Questo tipo di pensiero è efficace in situazioni che richiedono precisione e decisioni basate su dati e fatti concreti.

D'altra parte, il pensiero divergente si manifesta quando una persona esplora molteplici possibili soluzioni a un problema aperto. Questo processo è meno strutturato del pensiero convergente e spesso implica creatività e immaginazione. Invece di arrivare a una singola risposta corretta, il pensiero divergente genera idee creative, alternative e innovative. È particolarmente utile nelle fasi iniziali del problem solving, quando è necessario generare un ampio spettro di possibili soluzioni.

Entrambe queste forme di pensiero sono cruciali in diversi contesti. Mentre il pensiero convergente è essenziale per prendere decisioni e risolvere problemi in modo efficiente, il pensiero divergente è fondamentale per l'innovazione e la creazione di nuove idee. Nella pratica, una combinazione equilibrata di entrambi può portare a risultati efficaci e creativi.

Pensiero paradigmatico e pensiero narrativo (Bruner)

Jerome Bruner, influente psicologo cognitivo, ha introdotto i concetti di pensiero paradigmatico e pensiero narrativo per descrivere due diversi modi in cui gli esseri umani organizzano e interpretano l'esperienza. Il pensiero paradigmatico, talvolta chiamato anche pensiero logico-scientifico, è basato sull'analisi, la logica e l'uso di principi astratti per comprendere e spiegare la realtà. Questo tipo di pensiero cerca verità universali, usa la categorizzazione e le generalizzazioni, e si avvale di procedure per testare le ipotesi. È tipico delle scienze naturali e matematiche, dove si cerca di formulare leggi e modelli generali.

Il pensiero narrativo, d'altra parte, è basato sulla costruzione di storie e narrazioni per dare senso agli eventi della vita. È un modo di pensare più personale e meno astratto, focalizzato sulle sequenze temporali, le intenzioni, i motivi e le prospettive umane. Questo tipo di pensiero è fondamentale nella costruzione dell'identità personale e nella comprensione della realtà umana e sociale. È caratteristico di discipline come la storia, la letteratura e l'arte, ma è presente anche nella vita quotidiana, quando interpretiamo e raccontiamo le nostre esperienze personali.

Bruner sosteneva che entrambi questi modi di pensare sono fondamentali per la cognizione umana e che nessuno dei due è superiore all'altro. Insieme, forniscono un quadro completo per interpretare e interagire con il mondo che ci circonda.

Pensiero produttivo e pensiero riproduttivo (Wertheimer)

Max Wertheimer, uno dei fondatori della Psicologia della Gestalt, ha distinto due modi fondamentali di pensare: il pensiero produttivo e il pensiero riproduttivo. Il pensiero produttivo è creativo, originale e spesso si traduce in una nuova comprensione o una soluzione innovativa a un problema. Questo tipo di pensiero non si basa su schemi o formule preesistenti, ma piuttosto su una percezione fresca e olistica del problema. Wertheimer sosteneva che il pensiero produttivo richiede la capacità di vedere oltre le apparenze superficiali e di comprendere la struttura intrinseca di un problema.

D'altro canto, il pensiero riproduttivo riguarda l'uso di metodi e soluzioni preesistenti per affrontare nuovi problemi. Questo modo di pensare si basa sul richiamare conoscenze o esperienze passate, applicandole alle nuove situazioni in modo più meccanico o basato sulla memoria. Sebbene il pensiero riproduttivo sia importante per molte funzioni quotidiane, Wertheimer riteneva che non conducesse alla stessa profondità di comprensione o alla stessa qualità di soluzioni innovative che il pensiero produttivo può fornire.

Wertheimer ha evidenziato l'importanza del pensiero produttivo nell'apprendimento e nel problem solving, sottolineando che la vera comprensione e l'innovazione emergono quando le persone riescono a sintetizzare informazioni e percezioni in modi nuovi e significativi. Questa distinzione ha avuto un impatto significativo nella pedagogia e nella psicologia cognitiva, promuovendo approcci all'apprendimento che stimolano la creatività e il pensiero critico.

La piramide di Maslow

La piramide di Maslow, nota anche come la gerarchia dei bisogni di Maslow, è un modello psicologico proposto da Abraham Maslow nel suo lavoro sui motivi umani. Questa teoria suggerisce che le persone sono motivate a soddisfare una serie di bisogni che si sviluppano in una struttura gerarchica a forma di piramide. Nella base della piramide si trovano i bisogni fisiologici più basilari (come fame, sete e riposo), seguiti dai bisogni di sicurezza (come sicurezza, salute e benessere). Sopra questi ci sono i bisogni sociali (come amicizia, amore e senso di appartenenza), seguiti dai bisogni di stima (come il rispetto degli altri e l'autostima).

Alla sommità della piramide si trova il bisogno di autorealizzazione, che rappresenta il raggiungimento del pieno potenziale individuale e la realizzazione delle proprie capacità e talenti unici. Secondo Maslow, i bisogni più fondamentali devono essere soddisfatti prima che una persona possa concentrarsi sui bisogni più elevati. La piramide di Maslow ha avuto un impatto significativo in varie discipline, tra cui la psicologia, l'educazione, la gestione aziendale e il marketing, fornendo una comprensione utile sulle motivazioni umane

Condizionamento classico (Pavlov)

Il condizionamento classico è un concetto fondamentale nella psicologia, introdotto dal fisiologo russo Ivan Pavlov all'inizio del XX secolo. Pavlov scoprì questo fenomeno mentre studiava la digestione nei cani, notando che i cani iniziavano a salivare non solo in presenza di cibo, ma anche in risposta a stimoli apparentemente non correlati, come il passo degli assistenti di laboratorio. Attraverso i suoi esperimenti, Pavlov dimostrò che un comportamento riflesso, come la salivazione, può essere condizionato (o appreso) associando uno stimolo neutro (ad esempio, il suono di una campana) con uno stimolo incondizionato che provoca naturalmente una risposta (il cibo, in questo caso). Dopo ripetute associazioni, il cane cominciava a salivare semplicemente in risposta al suono della campana, anche in assenza di cibo. Questo processo è noto come condizionamento classico, in cui uno stimolo precedentemente neutro diventa uno stimolo condizionato che provoca una risposta condizionata. Questa scoperta ha avuto un impatto profondo sulla psicologia, influenzando il modo in cui gli psicologi comprendono l'apprendimento e il comportamento.

Condizionamento operante (Skinner)

Il condizionamento operante è un concetto chiave nella psicologia del comportamento sviluppato da B.F. Skinner, che si focalizza su come il rinforzo e la punizione influenzino i comportamenti. A differenza del condizionamento classico di Pavlov, che riguarda l'apprendimento di un comportamento in risposta a un nuovo stimolo, il condizionamento operante si basa sull'idea che i comportamenti vengono modellati dalle loro conseguenze. Skinner ha dimostrato che i comportamenti seguiti da rinforzi (premi) tendono ad aumentare in frequenza, mentre quelli seguiti da punizioni tendono a diminuire.

Un esempio classico del condizionamento operante è l'esperimento della "Skinner-Box", dove un ratto impara a premere una leva per ottenere cibo. Se premere la leva porta a cibo (rinforzo positivo), il ratto è più propenso a ripetere quel comportamento. Skinner ha esteso questa idea a una varietà di comportamenti, proponendo che molte azioni umane siano influenzate dalla ricerca di rinforzi positivi e dall'evitamento di punizioni. Questa teoria ha avuto un impatto significativo nella comprensione dell'apprendimento e ha trovato applicazioni pratiche in ambiti come l'educazione, la terapia comportamentale e la modifica del comportamento.

Inconscio (Freud)

L'inconscio è un concetto centrale nella teoria psicoanalitica di Sigmund Freud, rappresentando una parte della mente che contiene desideri, ricordi e motivazioni di cui non siamo consapevolmente a conoscenza ma che influenzano significativamente i nostri pensieri e comportamenti. Secondo Freud, l'inconscio è una riserva di sentimenti, pensieri, impulsi e ricordi che sono al di fuori della nostra consapevolezza, molti dei quali sono spiacevoli o inaccettabili e quindi repressi.

Freud sosteneva che l'inconscio influenzi profondamente il comportamento umano, sebbene le persone non siano consapevoli di tale influenza. Attraverso metodi come l'analisi dei sogni e l'associazione libera, egli cercava di portare i contenuti dell'inconscio nella coscienza, permettendo così alle persone di affrontare e risolvere conflitti e traumi repressi. Questa esplorazione dell'inconscio era fondamentale nel trattamento delle nevrosi e altri disturbi psichici. Il concetto dell'inconscio ha avuto un impatto profondo non solo sulla psicologia e sulla psichiatria, ma anche sulla cultura e la letteratura, fornendo un nuovo modo di comprendere la mente umana e i comportamenti apparentemente irrazionali.

Inconscio collettivo (Jung)

L'inconscio collettivo è un concetto sviluppato dallo psicologo Carl Jung, rappresentando una parte della psiche che trascende l'individuo e ha radici comuni a tutta l'umanità. Diversamente dall'inconscio personale di Freud, che è composto principalmente di contenuti individuali e personali, l'inconscio collettivo contiene archetipi e simboli che sono universali e condivisi tra tutte le culture. Gli archetipi sono forme o immagini primordiali che emergono nei sogni, nelle mitologie, nelle fiabe e nelle opere d'arte, manifestando temi comuni come il materno, l'eroe, il saggio e la morte.

Secondo Jung, questi archetipi sono pre-esistenti e innati, costituendo un substrato comune dell'inconscio umano. Svolgono un ruolo fondamentale nella formazione della personalità e influenzano il nostro comportamento e le nostre reazioni emotive. L'inconscio collettivo collega gli individui a un patrimonio psichico universale, fornendo una base comune per le esperienze umane e spirituali. Questo concetto ha avuto un impatto significativo nella psicologia analitica di Jung e ha contribuito a un'ampia comprensione di fenomeni come i simbolismi, le credenze spirituali e i motivi ricorrenti nelle culture umane.

Archetipo (Jung)

Gli archetipi sono un concetto centrale nella psicologia analitica di Carl Jung, rappresentando modelli universali e innati del comportamento e del pensiero che risiedono nell'inconscio collettivo. Secondo Jung, gli archetipi sono forme primordiali che emergono in varie forme culturali e personali, come miti, sogni, fiabe e arte. Essi fungono da matrici psicologiche comuni che influenzano le percezioni, i pensieri e i comportamenti umani.

Jung identificò diversi archetipi principali, tra cui l'Anima (l'aspetto femminile dell'inconscio maschile), l'Animus (l'aspetto maschile dell'inconscio femminile), l'Ombra (gli aspetti nascosti o repressi della personalità), il Sè (l'integrazione di tutte le parti della psiche), la Persona (la maschera che un individuo mostra al mondo esterno), il Vecchio Saggio, l'Eroe, e la Grande Madre.

Gli archetipi non hanno una forma definita ma si manifestano attraverso simboli e temi ricorrenti nelle diverse culture e periodi storici. Agiscono come elementi strutturanti della psiche, aiutando gli individui a elaborare esperienze e informazioni complesse. Jung riteneva che comprendere e integrare gli archetipi nella coscienza potesse portare a una maggiore comprensione di sé e all'individuazione, il processo di diventare pienamente realizzati come individui unici. Questa teoria ha fornito una nuova dimensione alla comprensione della mente umana, unendo psicologia, religione, arte e mitologia.

Il complesso di inferiorità (Adler)

Il complesso di inferiorità è un concetto fondamentale nella teoria psicologica sviluppata da Alfred Adler, uno psicologo austriaco e contemporaneo di Freud. Secondo

Adler, il complesso di inferiorità si riferisce a un profondo senso di insicurezza e inadeguatezza che una persona può provare, spesso originatosi nell'infanzia a causa di sentimenti di debolezza o inferiorità in confronto agli altri. Questi sentimenti possono essere scatenati da esperienze di incompetenza, di fallimento o di comparazione sociale, e possono portare a uno sviluppo compensatorio nel tentativo di superare queste percezioni negative di sé.

Adler sosteneva che mentre un certo grado di inferiorità è normale e può essere un motore per il successo e lo sviluppo, un eccessivo senso di inferiorità può portare a problemi psicologici. Questo può manifestarsi in vari modi, come evitamento sociale, eccessiva competitività o un costante bisogno di approvazione. Adler riteneva che affrontare e superare il proprio complesso di inferiorità fosse cruciale per lo sviluppo di un senso di autostima e per raggiungere il proprio potenziale. La teoria del complesso di inferiorità di Adler è stata influente nella comprensione della motivazione umana e nel trattamento dei disturbi legati all'autostima.

La Strange Situation (Ainsworth)

La "Strange Situation" è un metodo sperimentale sviluppato dalla psicologa Mary Ainsworth negli anni '70 per studiare l'attaccamento nei bambini piccoli. Questa procedura standardizzata misura la reazione di un bambino quando è separato e poi ricongiunto con la madre (o il caregiver principale) in una stanza sconosciuta. Durante la "Strange Situation", il bambino viene portato in una stanza dove ci sono alcuni giocattoli. La madre (o il caregiver) e il bambino sono inizialmente soli nella stanza, permettendo al bambino di esplorare l'ambiente. Poi, un estraneo entra nella stanza e, dopo un breve periodo, la madre esce, lasciando il bambino con l'estraneo. Successivamente, la madre ritorna e l'estraneo esce. La reazione del bambino a queste separazioni e ricongiungimenti viene osservata e valutata.

Ainsworth ha identificato tre principali pattern di attaccamento nei bambini: sicuro, ansioso-evitante e ansioso-ambivalente (o resistente). I bambini con un attaccamento sicuro tendono a mostrare qualche disagio quando la madre esce, ma sono in grado di esplorare l'ambiente e sono consolati facilmente al suo ritorno. I bambini con un attaccamento ansioso-evitante mostrano poco stress alla partenza della madre e tendono ad evitare il contatto al suo ritorno. Quelli con un attaccamento ansioso-ambivalente appaiono molto angosciati alla partenza della madre e possono avere difficoltà a calmarsi al suo ritorno.

La "Strange Situation" è diventata un punto di riferimento nello studio dell'attaccamento, fornendo importanti intuizioni sulle prime relazioni emotive e sul loro impatto sullo sviluppo emotivo e comportamentale. Questo lavoro ha avuto un impatto significativo su come i ricercatori e i clinici comprendono e affrontano le questioni di attaccamento nei bambini.

Pensiero Laterale (de Bono)

Il pensiero laterale è un concetto introdotto dallo psicologo maltese Edward de Bono che rappresenta un approccio creativo e non convenzionale alla risoluzione dei problemi. A differenza del pensiero logico o "verticale", che procede in modo sequenziale e metodico, il pensiero laterale si muove in modo più indiretto e creativo, spesso esplorando soluzioni insolite o apparentemente irrilevanti. De Bono sosteneva che il pensiero laterale può portare a nuove percezioni e soluzioni innovative saltando fuori dai modelli di pensiero abituali e considerando possibili vie non evidenti e alternative.

Una componente chiave del pensiero laterale è la capacità di vedere le situazioni da diverse prospettive e di utilizzare l'immaginazione per esplorare nuove possibilità. De Bono ha illustrato varie tecniche per stimolare il pensiero laterale, tra cui la provocazione, l'inversione del problema e la randomizzazione. Questo approccio è particolarmente utile in situazioni dove i metodi tradizionali di problem solving non sono efficaci o in cui è necessario un nuovo modo di pensare.

Zona di Sviluppo Prossimale (ZSP)

La Zona di Sviluppo Prossimale (ZSP) è un concetto fondamentale nella teoria dell'apprendimento sviluppato dallo psicologo russo Lev Vygotsky. Questa teoria sostiene che ci sia una differenza tra ciò che uno studente può fare da solo e ciò che può fare con l'aiuto di un insegnante o di un compagno più esperto. La ZSP si riferisce a questa area di apprendimento potenziale, dove lo studente può capire o eseguire compiti che vanno oltre le sue capacità attuali se fornito di supporto adeguato. In questa zona, l'apprendimento è guidato e modellato, ma non al di là delle capacità di comprensione dell'individuo.

Secondo Vygotsky, l'apprendimento efficace avviene quando l'insegnamento è mirato a livello della ZSP. Qui, con l'aiuto appropriato, gli studenti possono risolvere problemi e comprendere concetti che non sarebbero in grado di affrontare da soli. Questo processo, implica fornire strutture di supporto per facilitare l'apprendimento.

Man mano che le competenze dello studente migliorano, il sostegno può essere gradualmente rimosso, permettendo a questi di diventare più autonomo.

La ZSP ha avuto un impatto significativo sulle pratiche educative e sull'approccio allo sviluppo cognitivo, enfatizzando l'importanza del contesto sociale e dell'interazione nell'apprendimento. Questo concetto sottolinea che l'educazione non dovrebbe concentrarsi solo su ciò che gli studenti possono fare da soli, ma anche su ciò che possono realizzare attraverso la collaborazione e il supporto guidato.

Scaffolding (Bruner)

Lo "scaffolding" è un concetto chiave nella teoria educativa sviluppato da Jerome Bruner, basato sui principi della psicologia cognitiva e del costruttivismo. Lo scaffolding si riferisce al supporto mirato fornito da un insegnante o un tutore a un apprendista durante il processo di apprendimento. Questo supporto è inteso come una "impalcatura" che aiuta l'apprendista a raggiungere un livello di comprensione o di competenza che non sarebbe in grado di raggiungere da solo. Il supporto può includere una varietà di tecniche, come suggerimenti, dimostrazioni, domande guida o fornire indizi, e dovrebbe essere adeguato al livello attuale di competenza dell'apprendista.

Bruner sosteneva che lo scaffolding è fondamentale per facilitare l'apprendimento e l'acquisizione di nuove abilità, in particolare quando gli studenti sono esposti a nuovi concetti o compiti sfidanti. Man mano che l'apprendista diventa più competente, lo scaffolding viene progressivamente ridotto, permettendo così all'apprendista di diventare più indipendente e autoefficace nel processo di apprendimento. Questo concetto è stato fondamentale per lo sviluppo di pratiche educative efficaci e per la comprensione di come i bambini apprendono in un contesto sociale

Accomodamento e Assimilazione (Piaget)

Accomodamento e assimilazione sono due concetti chiave nella teoria dello sviluppo cognitivo di Jean Piaget, che descrivono i processi attraverso i quali i bambini apprendono e assimilano nuove informazioni. L'assimilazione si verifica quando i bambini incorporano nuove esperienze nelle loro esistenti strutture cognitive. Per esempio, un bambino che ha imparato a riconoscere un cane potrebbe inizialmente chiamare tutti gli animali a quattro zampe "cani". L'assimilazione permette al bambino di ampliare la propria conoscenza usando ciò che già conosce come base per comprendere nuove esperienze.

L'accomodamento, d'altra parte, si verifica quando i bambini modificano le loro strutture cognitive preesistenti per includere nuove informazioni che non si adattano ai modelli esistenti. Nel caso dell'esempio precedente, l'accomodamento avviene quando il bambino apprende che non tutti gli animali a quattro zampe sono cani e modifica il suo concetto di "cane" per includere queste nuove informazioni.

Secondo Piaget, questi processi sono fondamentali per lo sviluppo cognitivo. L'apprendimento efficace implica un equilibrio tra assimilazione e accomodamento, permettendo ai bambini di costruire una comprensione sempre più sofisticata e accurata del mondo. Questa interazione tra assimilazione e accomodamento è centrale nel processo di sviluppo cognitivo di Piaget, guidando la transizione attraverso diverse fasi di sviluppo, dalla nascita all'adolescenza

Sinettica (Gordon)

La sinettica, un termine derivato dal greco che significa "far lavorare insieme", è un approccio alla risoluzione creativa dei problemi sviluppato dal pubblicitario e psicologo William J.J. Gordon negli anni '60. Questo metodo si basa sull'idea che i processi creativi possono essere stimolati attraverso l'uso di tecniche e strategie specifiche. La sinettica si distingue per l'uso di analogie, metafore e immagini fantasiose per stimolare il pensiero creativo e superare blocchi mentali convenzionali.

Gordon sosteneva che le soluzioni innovative emergono spesso dall'applicazione di idee e concetti da un contesto completamente diverso. La sinettica incoraggia i partecipanti a guardare oltre le soluzioni ovvie e a esplorare collegamenti inaspettati tra idee apparentemente non correlate. Questo approccio include tecniche come il "pensiero metaforico" e il "pensiero parallelo", che aiutano a esplorare nuove prospettive e possibilità.

Nel contesto di gruppo, la sinettica è spesso utilizzata in brainstorming e sessioni di problem solving, dove la dinamica di gruppo e la discussione aperta contribuiscono a generare idee originali e non convenzionali. L'obiettivo è creare un ambiente in cui i partecipanti si sentano liberi di pensare in modo divergente e sperimentare con idee innovative, guidati da un facilitatore esperto. Questo metodo è ampiamente applicato in vari campi, dalla pubblicità al design di prodotto, e si è dimostrato efficace nello stimolare la creatività e l'innovazione.

Il cervello creativo (LeDoux)

La teoria del cervello creativo di Joseph LeDoux esplora la complessità dei processi neurali coinvolti nella creatività. LeDoux, un neuroscienziato noto per il suo lavoro sulla paura e le emozioni, sostiene che la creatività non sia attribuibile a una specifica area del cervello, ma emerga piuttosto dall'interazione di diverse reti neurali. Queste includono la rete del modo di default, che è attiva durante il pensiero libero e la daydreaming, e la rete esecutiva, che si occupa di pianificazione, decisione e risoluzione dei problemi.

Secondo LeDoux, il cervello creativo equilibra efficacemente tra questi diversi modi di funzionamento, permettendo una transizione fluida tra un pensiero libero e associativo e un pensiero più strutturato e critico. Questa teoria suggerisce che la creatività possa essere potenziata sviluppando la capacità di oscillare tra queste diverse modalità di pensiero e di sfruttare diverse aree del cervello a seconda del contesto e delle esigenze. LeDoux pone anche enfasi sul ruolo delle emozioni nel processo creativo, suggerendo che le esperienze emotive possano influenzare significativamente la produzione creativa. Questa prospettiva offre una visione olistica della creatività, sottolineando l'importanza di una vasta gamma di processi cognitivi ed emotivi.

Atteggiamento (psicologia sociale)

In psicologia sociale, l'atteggiamento si riferisce a una disposizione mentale e emotiva verso un particolare oggetto, persona, gruppo o idea, che influenza il modo in cui un individuo pensa, sente e si comporta. Gli atteggiamenti sono composti da tre componenti principali: cognitiva (pensieri o credenze), affettiva (sentimenti o emozioni) e comportamentale (tendenza ad agire in un certo modo). Ad esempio, un atteggiamento verso un particolare movimento sociale può includere opinioni specifiche su di esso (componente cognitiva), sentimenti di approvazione o disapprovazione (componente affettiva) e la propensione a partecipare o non partecipare a eventi correlati (componente comportamentale).

Gli atteggiamenti possono essere formati attraverso diverse esperienze, come l'educazione ricevuta, le influenze dei media, le interazioni personali e le esperienze dirette. Sono importanti perché aiutano a organizzare le nostre esperienze e guidano il comportamento in vari contesti sociali. Gli atteggiamenti possono anche essere soggetti a cambiamenti a seguito di nuove informazioni o esperienze e possono influenzare o essere influenzati da pregiudizi, stereotipi e norme sociali.

La psicologia sociale esplora come e perché gli atteggiamenti si formano, come possono essere cambiati e il loro ruolo nel comportamento umano. Un'area di particolare interesse è il rapporto tra atteggiamento e comportamento, e come a volte possono verificarsi dissonanze tra i due. Questo studio degli atteggiamenti è fondamentale per comprendere e affrontare questioni come il cambiamento sociale, il marketing e la pubblicità, e la dinamica delle relazioni interpersonali.

I MOI (Modelli Operativi Interni) (Bowlby)

I Modelli Operativi Interni (MOI) sono un concetto chiave nella teoria dell'attaccamento, originariamente sviluppata da John Bowlby e successivamente ampliata da Mary Ainsworth e altri. Questi modelli sono rappresentazioni mentali o schemi che un individuo forma basandosi sulle sue esperienze di relazione, in particolare quelle legate alle figure di attaccamento primarie, come i genitori. I MOI influenzano come ci aspettiamo che gli altri si comportino in relazioni intime e come interpretiamo il loro comportamento, plasmando le nostre interazioni e influenzando il nostro benessere emotivo.

Ad esempio, un bambino che ha sperimentato un attaccamento sicuro con i genitori è probabile che sviluppi MOI che vedono gli altri come affidabili e disponibili, e se stesso come degno di amore. Questo porta a relazioni più sicure e positive in età adulta. Al contrario, un attaccamento insicuro può portare a MOI che vedono gli altri come non affidabili o se stessi come indegni, portando a difficoltà nelle relazioni.

I MOI hanno implicazioni a lungo termine, influenzando il modo in cui gestiamo le emozioni, come percepiamo noi stessi e gli altri, e il tipo di legami affettivi che formiamo. La teoria dei MOI fornisce una preziosa comprensione di come le prime esperienze di attaccamento influenzino il comportamento relazionale e il benessere emotivo lungo tutto l'arco della vita.

Insight (Köhler)

Wolfgang Köhler, uno dei fondatori della Psicologia della Gestalt, ha introdotto il concetto di "insight" (intuizione) come un elemento cruciale nel processo di apprendimento e risoluzione dei problemi. L'insight si verifica quando una soluzione a un problema appare improvvisamente in mente, dopo un periodo di riflessione apparentemente infruttuosa. Questo momento "Eureka" è caratterizzato da una comprensione improvvisa e spesso sorprendente della soluzione. Köhler ha osservato questo fenomeno durante i suoi famosi esperimenti con scimmie, dove gli animali sembravano improvvisamente comprendere la soluzione a un problema, come usare uno strumento per ottenere un oggetto fuori portata, senza passare attraverso visibili tentativi ed errori.

Köhler ha sostenuto che l'insight non è il risultato di processi di apprendimento incrementali, ma piuttosto di un riarrangiamento cognitivo che permette di vedere il problema sotto una nuova luce. L'insight è quindi visto come un processo di "ristrutturazione" nel quale l'individuo improvvisamente percepisce le relazioni tra elementi del problema che prima non erano evidenti. Questo concetto ha giocato un ruolo fondamentale nel distinguere la Psicologia della Gestalt da altre teorie psicologiche dell'epoca, enfatizzando l'aspetto olistico e il pattern di riconoscimento nei processi cognitivi

Modeling (Bandura)

Albert Bandura, un noto psicologo, ha introdotto il concetto di "modeling" (modellamento) nel suo lavoro sulla teoria dell'apprendimento sociale. Secondo Bandura, il modeling è un processo in cui gli individui imparano nuovi comportamenti, atteggiamenti e modi di pensare osservando gli altri. Questo concetto è fondamentale per comprendere come le persone possano acquisire nuove abilità e comportamenti senza dover necessariamente passare attraverso il processo di tentativi ed errori o ricevere un rinforzo diretto.

Il celebre esperimento del "Bobo doll" di Bandura ha dimostrato il modeling in azione. In questo studio, i bambini osservavano un adulto comportarsi in modo aggressivo con un giocattolo, il Bobo doll. Successivamente, questi bambini erano più propensi a imitare lo stesso comportamento aggressivo, suggerendo che avevano appreso il comportamento semplicemente osservando l'adulto.

Bandura ha sottolineato che il modeling è un potente meccanismo di apprendimento sociale e che gli esseri umani sono inclini a imitare comportamenti osservati, soprattutto se gli individui modelli sono percepiti come simili a loro stessi, o se hanno un ruolo di autorità o prestigio. Questa teoria ha avuto un impatto significativo su diverse aree, tra cui la psicologia educativa, la terapia comportamentale e la comprensione di come i media influenzano il comportamento.

Fenomeno Phi (Wertheimer)

Il Fenomeno Phi, scoperto dallo psicologo Max Wertheimer, è un concetto fondamentale nella psicologia della Gestalt che descrive un'illusione ottica di percezione del movimento. Questo fenomeno si verifica quando due immagini statiche vengono mostrate in rapida successione, creando l'illusione di un movimento fluido. Ad esempio, se due punti luminosi statici sono accesi uno dopo l'altro con un breve intervallo di tempo, sembra che un singolo punto si muova da un luogo all'altro, invece di due punti separati che lampeggiano.

Il Fenomeno Phi è importante perché ha sfidato l'idea dominante all'epoca che la percezione fosse solo la somma di sensazioni individuali. Wertheimer ha utilizzato questo fenomeno per dimostrare che la percezione è un processo attivo e che il cervello organizza le informazioni sensoriali in modi che trascendono i singoli elementi, seguendo il principio gestaltico che "il tutto è maggiore della somma delle sue parti". La scoperta del Fenomeno Phi ha giocato un ruolo cruciale nello sviluppo della psicologia della Gestalt, influenzando significativamente la comprensione della percezione visiva e del movimento.

Disimpegno morale (Bandura)

Il disimpegno morale è un concetto sviluppato dallo psicologo Albert Bandura, che fa parte della sua più ampia teoria dell'apprendimento sociale. Questo concetto descrive il processo attraverso il quale gli individui giustificano il proprio comportamento immorale o eticamente discutibile, in modo da non sentirsi in conflitto con i propri standard morali. In pratica, il disimpegno morale permette alle persone di partecipare a comportamenti che vanno contro i loro principi etici, pur mantenendo la propria autoimmagine di rettitudine morale.

Bandura ha identificato diversi meccanismi attraverso i quali avviene il disimpegno morale, tra cui la moralizzazione del comportamento (giustificarlo come servente un bene più grande), la diffusione della responsabilità (sentirsi meno responsabili quando l'azione è condivisa con altri), la distorsione delle conseguenze (sminuire l'impatto negativo delle proprie azioni) e la deumanizzazione delle vittime (percepire chi è danneggiato dal proprio comportamento come meno umano o meno degno di empatia).

Questo processo psicologico è particolarmente rilevante nello studio di come le persone si comportano in situazioni di gruppo o sotto autorità, come nei casi di violazione di diritti umani o in contesti aziendali in cui possono verificarsi comportamenti non etici. Il concetto di disimpegno morale aiuta a comprendere come le persone mantengono la loro autostima e giustificano le proprie azioni in una varietà di contesti sociali e personali.

Esperimento di Asch

L'esperimento di Asch, condotto negli anni '50 dallo psicologo Solomon Asch, è uno studio fondamentale nella psicologia sociale che esplora il fenomeno della conformità. L'esperimento mirava a investigare fino a che punto la pressione sociale potesse spingere una persona a conformarsi a un evidente errore di giudizio. Durante l'esperimento, ai partecipanti veniva mostrata una serie di linee di lunghezza variabile e veniva loro chiesto di indicare quale linea corrispondesse in lunghezza a una linea di riferimento. I partecipanti erano in gruppo, ma solo uno era il vero soggetto dello studio, mentre gli altri erano complici dell'esperimentatore.

In alcune prove, i complici davano deliberatamente risposte sbagliate. Asch scoprì che, nonostante la chiara evidenza sensoriale, una significativa percentuale dei soggetti si conformava alle risposte errate del gruppo, ignorando ciò che vedevano con i propri occhi. Questo comportamento evidenziava la potente influenza della pressione sociale sulle decisioni individuali. L'esperimento di Asch ha avuto un impatto profondo nella comprensione della dinamica di gruppo, mostrando come la pressione dei pari possa portare gli individui a conformarsi a norme di gruppo anche quando sono in disaccordo o hanno chiare prove del contrario. Questo studio ha contribuito in modo significativo alla teoria della conformità e della psicologia sociale in generale.

Effetto Alone

L'Effetto Alone è un concetto chiave nella psicologia sociale che descrive il fenomeno per cui la percezione di un tratto positivo (o negativo) in una persona influisce sulla nostra valutazione complessiva di altri suoi tratti. Questo può accadere, ad esempio, quando consideriamo qualcuno fisicamente attraente e, in base a questa caratteristica, tendiamo automaticamente a valutarlo più positivamente anche in termini di intelligenza, gentilezza o competenza, anche senza prove concrete a sostegno.

L'Effetto Alone si estende oltre la percezione delle persone: può influenzare come valutiamo oggetti specifici, marchi, prodotti o qualsiasi altra entità. Questo bias cognitivo mostra come la nostra percezione globale di qualcuno o qualcosa possa essere distorta da un singolo aspetto positivo o negativo, portando a giudizi che potrebbero non essere pienamente accurati. Questo effetto è ampiamente studiato nel marketing, nella gestione delle risorse umane e in psicologia clinica, poiché può avere implicazioni significative nelle decisioni di assunzione, nelle valutazioni delle prestazioni e nelle relazioni interpersonali. Comprendere l'Effetto Alone aiuta a riconoscere l'importanza di valutare le persone e le situazioni in modo più equilibrato e basato su un insieme più ampio di informazioni.

L'Effetto Pigmalione

L'Effetto Pigmalione, conosciuto anche come effetto delle aspettative del professore, è un fenomeno psicologico in cui le aspettative di una persona influenzano il rendimento di un'altra. Questo concetto è stato inizialmente esplorato da Robert Rosenthal e Lenore Jacobson nel loro studio del 1968, in cui dimostrarono che le aspettative degli insegnanti sulle potenziali prestazioni degli studenti possono effettivamente influenzare il rendimento di questi ultimi. Se un insegnante si aspetta miglioramenti da uno studente, è più probabile che questo avvenga; l'insegnante, spesso inconsciamente, potrebbe interagire in modi che promuovono e incoraggiano il successo dello studente.

Questo fenomeno non si limita all'ambiente scolastico; è stato osservato anche in contesti aziendali, nello sport e nelle relazioni personali. Le aspettative possono manifestarsi in varie forme, come un maggiore livello di attenzione, più frequenti interazioni positive e maggiore pazienza e sostegno. L'Effetto Pigmalione dimostra l'importanza del potere delle aspettative e come queste possano influenzare significativamente l'atteggiamento, la motivazione e il rendimento di un individuo. La comprensione di questo fenomeno è fondamentale per educatori, leader, allenatori e chiunque sia in una posizione di guida o di influenza, evidenziando la necessità di mantenere aspettative positive e costruttive.

Dissonanza Cognitiva (Festinger)

La dissonanza cognitiva è un termine coniato dallo psicologo Leon Festinger nel 1957, che descrive uno stato di tensione psicologica che si verifica quando un individuo possiede due cognizioni (pensieri, credenze, opinioni o atteggiamenti) contraddittorie, o quando le proprie azioni sono in conflitto con le proprie credenze. Per esempio, se una persona fuma pur sapendo che il fumo è dannoso per la salute, ciò può generare una dissonanza cognitiva.

Festinger teorizzò che gli individui sono motivati a ridurre questa dissonanza, cercando una consistenza interna nelle loro credenze e azioni. Ciò può essere realizzato in vari modi, come cambiando una delle cognizioni discordanti, aggiungendo nuove cognizioni per bilanciare la dissonanza, o riducendo l'importanza delle cognizioni discordanti. La dissonanza cognitiva è una forza potente che può influenzare il comportamento e le decisioni, spingendo le persone a giustificare o razionalizzare le loro azioni, anche quando queste sono chiaramente contrarie ai loro valori o convinzioni.

Questo concetto è estremamente rilevante in molteplici ambiti, dall'educazione alla pubblicità, alla psicologia clinica e alle decisioni quotidiane. Comprendere la dissonanza cognitiva aiuta a spiegare perché le persone a volte agiscono in modi che sembrano irrazionali o contraddittori e fornisce spunti per influenzare positivamente le azioni e le credenze.

L'Autoefficacia (Bandura)

La teoria dell'autoefficacia, sviluppata da Albert Bandura, è un aspetto cruciale della sua più ampia teoria dell'apprendimento sociale. Questa teoria si focalizza sulla convinzione di un individuo nelle proprie capacità di organizzare e attuare le azioni necessarie per gestire situazioni future. L'autoefficacia non è semplicemente la fiducia in se stessi, ma piuttosto la convinzione specifica di essere in grado di eseguire efficacemente le azioni richieste per produrre determinati risultati. Secondo Bandura, l'autoefficacia influisce non solo su come le persone si sentono, pensano e si motivano, ma anche sulle loro azioni.

L'autoefficacia deriva da quattro fonti principali: esperienza diretta (successi passati e fallimenti), esperienze indirette o vicarie (osservare gli altri riuscire o fallire), persuasione sociale (incoraggiamento o scoraggiamento da parte degli altri) e stati fisiologici ed emotivi (interpretazione delle proprie reazioni emotive e fisiche). Una forte senso di autoefficacia può aiutare le persone ad affrontare sfide difficili con una maggiore resilienza e determinazione, mentre una bassa autoefficacia può portare a evitare sfide, bassa motivazione e persistenza.

La teoria dell'autoefficacia di Bandura ha avuto un impatto significativo in vari campi, compresa l'educazione, la psicologia clinica, la salute, il benessere e la formazione aziendale. Aiuta a spiegare perché e come le persone si impegnano in determinate azioni, e come queste convinzioni possono essere modificate per migliorare l'apprendimento e il rendimento.

La curva di ritenzione (Ebbinghaus)

La curva di ritenzione, o curva dell'oblio, è un concetto sviluppato dallo psicologo tedesco Hermann Ebbinghaus, che descrive il declino della capacità di ricordare le informazioni nel tempo. Attraverso esperimenti sistematici su se stesso, Ebbinghaus scoprì che la quantità di informazioni dimenticate aumenta in modo esponenziale con il passare del tempo. Ha descritto questa relazione attraverso una curva caratteristica che mostra un rapido declino iniziale nella capacità di ricordo, seguito da un declino più lento.

La sua ricerca ha rivelato che la maggior parte delle dimenticanze avviene entro le prime ore dalla memorizzazione e che la velocità del declino diminuisce progressivamente. Tuttavia, alcune informazioni rimangono accessibili per un periodo molto più lungo. Ebbinghaus ha anche scoperto l'effetto di spaziatura, cioè la distribuzione degli studi nel tempo può migliorare significativamente la ritenzione delle informazioni.

La curva di ritenzione di Ebbinghaus ha avuto un impatto duraturo sullo studio della memoria e ha portato allo sviluppo di tecniche efficaci per migliorare l'apprendimento, come la ripetizione spaziata e il testing ripetuto. Questi concetti sono fondamentali nel campo della psicologia educativa e sono ampiamente applicati in contesti educativi e di apprendimento per ottimizzare la ritenzione a lungo termine delle informazioni.

La Memoria di Lavoro (Baddeley e Hitch)

La memoria di lavoro è un concetto sviluppato da Alan Baddeley e Graham Hitch nel 1974 come parte di un tentativo di aggiornare e rivedere il modello di "memoria a breve termine". Baddeley e Hitch hanno proposto che la memoria di lavoro non fosse semplicemente un luogo di stoccaggio temporaneo, ma un sistema attivo e complesso che elabora e manipola le informazioni. La loro teoria originale descriveva la memoria di lavoro come composta da tre componenti principali: il sistema esecutivo centrale (che funge da controllore e coordina le informazioni), il loop fonologico (che tratta le informazioni verbali e acustiche) e il taccuino visuo-spaziale (che gestisce le informazioni visive e spaziali).

Il loop fonologico mantiene le informazioni in forma verbale, attraverso la ripetizione interna, mentre il taccuino visuo-spaziale elabora e conserva temporaneamente le informazioni visive e spaziali. Il sistema esecutivo centrale ha il compito di integrare queste informazioni con quelle provenienti dalla memoria a lungo termine, coordinando le operazioni cognitive complesse come il ragionamento, l'apprendimento e la comprensione.

Nel 2000, Baddeley ha aggiunto una quarta componente, il buffer episodico, che integra le informazioni dai sottosistemi, dalla memoria a lungo termine e dalla percezione, formando una rappresentazione unitaria. La memoria di lavoro è fondamentale in molteplici funzioni cognitive quotidiane e la sua comprensione ha avuto implicazioni significative nel campo della psicologia cognitiva, neuroscienze, educazione e salute mentale.

Il cerchio delle scienze (Piaget)

Il "Cerchio delle Scienze" è un concetto sviluppato dal rinomato psicologo dello sviluppo Jean Piaget, che mirava a creare una struttura integrata per connettere diverse discipline scientifiche. Secondo Piaget, tutte le scienze possono essere ordinate in un circolo sequenziale basato sulla loro crescente complessità e astrazione. Questo cerchio inizia con le scienze fisiche, come la fisica, considerate le più fondamentali e generalizzabili. Seguono le scienze biologiche, che introducono la complessità della vita e dei sistemi viventi. Dopo di ciò, vengono le scienze umane, come la psicologia, che trattano della comprensione del comportamento e dei processi mentali umani. Infine, le scienze sociali, come la sociologia, esplorano le strutture e le funzioni delle società umane.

Piaget riteneva che ogni scienza del cerchio fornisse fondamenti e approfondimenti per quelle che seguono, formando una progressione naturale dall'elementare all'astratto. Questo approccio evidenziava la natura interdipendente delle discipline scientifiche e suggeriva che una piena comprensione in qualsiasi campo richieda una conoscenza di base delle discipline che lo precedono nel cerchio. La visione di Piaget del "Cerchio delle Scienze" riflette il suo ampio interesse e il suo impegno nella ricerca interdisciplinare, che comprendeva non solo la psicologia dello sviluppo, ma anche l'epistemologia, la biologia e la filosofia della scienza.

Perspective Taking (Selman)

Il "Perspective Taking", o presa di prospettiva, è un concetto sviluppato da Robert Selman nel campo della psicologia dello sviluppo, focalizzato sulla capacità di un individuo di comprendere e considerare i pensieri, i sentimenti e i punti di vista di un'altra persona. Questa abilità è fondamentale per lo sviluppo delle competenze sociali e della capacità empatica. Selman ha proposto diverse fasi di sviluppo nella capacità di prendere la prospettiva altrui, partendo dall'egocentrismo infantile (dove i bambini non riescono a distinguere tra la propria prospettiva e quella degli altri) fino alla piena maturità cognitiva e sociale (dove gli individui possono comprendere prospettive multiple e anche prospettive di "terzo livello", come comprendere come una persona percepisca il pensiero di un'altra).

Secondo Selman, la capacità di prendere la prospettiva altrui si sviluppa progressivamente con l'età e l'esperienza, e la sua evoluzione è cruciale per formare relazioni interpersonali sane, per la risoluzione dei conflitti e per la formazione di un'identità sociale matura. Il "Perspective Taking" aiuta a promuovere la tolleranza, la comprensione e il rispetto per gli altri, essendo fondamentale per la coesistenza e la collaborazione efficace in contesti sociali complessi. Questo concetto ha trovato applicazione nella psicologia educativa, nella consulenza e nella formazione interculturale.

Role-Talking (Selman)

Il "Role-Taking" o assunzione di ruolo, è un concetto importante nella psicologia dello sviluppo, sviluppato da Robert Selman. Il concetto si riferisce alla capacità di un individuo di assumere la prospettiva di un altro, non solo a livello cognitivo, ma anche a livello emotivo e sociale. Questa abilità è cruciale per lo sviluppo dell'empatia e per la comprensione delle relazioni interpersonali. Selman sostiene che l'abilità nel role-taking si evolve attraverso diverse fasi man mano che i bambini crescono.

Nelle prime fasi, i bambini sono egocentrici e faticano a vedere le situazioni dal punto di vista di un altro. Con il tempo, cominciano a riconoscere che gli altri possono avere pensieri e sentimenti diversi dai loro, ma tendono ancora a proiettare i propri sentimenti sugli altri. Man mano che si sviluppano, acquisiscono la capacità di distinguere tra le proprie prospettive e quelle altrui e, nelle fasi più avanzate, sono in grado di comprendere situazioni complesse dal punto di vista di più persone contemporaneamente.

Il role-taking è fondamentale per lo sviluppo morale e sociale, in quanto permette ai bambini e agli adolescenti di navigare e gestire efficacemente le relazioni sociali. Questa abilità li aiuta a costruire amicizie, a risolvere i conflitti e a sviluppare una sensibilità verso le esigenze e i sentimenti degli altri. La teoria di Selman sul role-taking fornisce spunti significativi per l'educazione e la psicoterapia, in particolare nelle strategie volte a promuovere l'empatia e la competenza sociale nei giovani.

L'HIP (Human Information Processing)

Il modello del Human Information Processing (HIP), o Elaborazione delle Informazioni Umane, è un approccio nella psicologia cognitiva che considera la mente umana come simile a un computer nel processare le informazioni. Questo modello si basa sull'idea che le informazioni ambientali vengano elaborate attraverso una serie di passaggi: input, elaborazione e output. Inizialmente, le informazioni vengono raccolte dai sensi (input), poi elaborate mentalmente attraverso vari meccanismi cognitivi (elaborazione), che comprendono attenzione, percezione, memorizzazione e pensiero, per poi produrre una risposta o un'azione (output).

Il modello HIP scompone il processo cognitivo in moduli o componenti, come la memoria sensoriale, la memoria a breve termine e la memoria a lungo termine, ognuno con funzioni specifiche e modi di interazione. La memoria a breve termine, ad esempio, è vista come un "luogo di lavoro" dove le informazioni vengono temporaneamente trattenute e manipolate. Inoltre, il modello considera le capacità limitate dell'elaborazione umana, enfatizzando il ruolo dell'attenzione nella selezione delle informazioni da elaborare ulteriormente.

Il modello del HIP ha avuto un impatto significativo nello sviluppo di teorie e ricerche nella psicologia cognitiva, specialmente nell'ambito della memoria, dell'apprendimento e del problem solving. Offre una struttura per comprendere come le persone elaborano le informazioni e prendono decisioni, influenzando campi come l'intelligenza artificiale, il design di interfacce utente e l'ergonomia cognitiva.

INDICE